Travel
IS THE
HEALTHIEST
Addiction

WWW.GUIDEME.CH ⃝ GUIDEME_TRAVEL

Das bin ich

Überall im Buch.
Von mir für dich!

Inhalt

34

49

36

GAMLA STAN

NORRMALM

SÖDERMALM

ÖSTERMALM

DJURGÅRDEN

KUNGSHOLMEN

Hello
Das bin ich

JESSICA MARIELLE

Mein liebster Ort
in Stockholm?
Södermalm!!
Schönster Stadtteil,
ziemlich hipster, cool,
vielfältig!

Mein Stockholmer
Lieblingsgericht?

Natürlich Köttbullar –
traditionell schwedisch.

3 Dinge, die du auf deinem Stockholm-Trip unbedingt dabei haben solltest:

- ☐ Mütze & Schal
- ☐ Biker Boots
- ☐ Lederjacke (weil sie jedes Outfit cooler macht)

Meine Lieblingsfarben

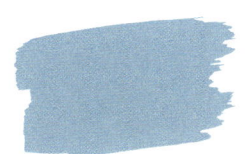

Ich bin Jessica Bach, 25 Jahre alt und Fremdsprachen-korrespondentin. Vor fünf Jahren bin ich nach München gezogen und könnte zurzeit nicht glücklicher sein. Ich habe mich das erste Mal so richtig verliebt und reise durch meinen Beruf als Influencerin an die schönsten Orte der Welt: Stockholm, Ibiza, Paris, Amsterdam … Meine Lieblingsmomente halte ich gerne als Erinnerung auf Fotos fest. Ich liebe es, mit meinem Freund nachts auf dem Balkon zu sitzen und bei einer Flasche Wein in die Sterne zu schauen, ich spiele unglaublich gerne Tennis und boxe (like a girl). Und ich liebe es, stundenlang mit meinen Girls zu frühstücken. Aber am liebsten machen wir zusammen Urlaub. Ob Städtetrip oder Meer, ich gehe am liebsten morgens ohne Plan aus dem Hotel und komme abends müde, aber glücklich zurück. Seit ich denken kann, liebe ich Skandinavien (wie könnte es anders sein als Novemberkind), denn schon meine Eltern reisten gerne dorthin. Deshalb habe ich mich wohl auch schon früh in Stockholm und Kopenhagen verliebt. Stockholm ist und bleibt jedoch mein absoluter Favorit, denn hier gibt es zum einen unglaubliche Natur, aber auch hippe Stadtteile mit coolen Styles und Interior Design, die mich immer wieder inspirieren. Und natürlich leckeres Essen! Am schönsten ist es aber, wenn um 15 Uhr die Sonne untergeht und du einen einzigartigen Sonnenuntergang und einen lila-rosa-roten Himmel sehen kannst. In diesem Reiseführer habe ich für euch meine absoluten Lieblingsplätze sowie die coolsten Food-Spots und schöne Foto-Locations gesammelt. Ganz viel Spaß, ihr Lieben!

PS: Verlinke mich doch gerne auf deinen Bildern, dann kann ich deine Reise mitverfolgen (@guideme_travel).

Und jetzt komm mit, ich zeige dir Stockholm!

Östermalm

Norrmalm

Kungsholmen

MOOD STOCKHOLM
Designkaufhaus
Mood Stockholm

Östermalms
Saluhall

Spaziergang an der
Waterfront

Stockholms Untergrund

Smedsuddsbadet

Spaziergang durch die
Altstadt und Stortorget

Gamla
Stan

Skinnarviksparken

Mosebacke Terassen

Södermalm

SOFO
SoFo

TRÄDGÅRDEN
Cocktails im Trädgarden

STOCKHOLM

Bucket List

brique
nsbageri

ANSEN

chtmuseum
kansen

*Alle Highlights sind im Buch
mit einem ✱ gekennzeichnet* ↗

*Fahrradtour über
Djurgården*

BLOSS NICHT VERPASSEN!

- ○ SPAZIERGANG AM UFER
- ○ STORTORGET
- ○ SKANSEN
- ○ FAHRRADTOUR ÜBER DJURGÅRDEN
- ○ ÖSTERMALMS SALUHALL
- ○ FABRIQUE STENUGNSBAGERI
- ○ MOSEBACKE TERASSEN
- ○ TRÄDGÅRDEN/UNDERBRON
- ○ SOFO
- ○ SKINNARVIKSPARKEN
- ○ MEATBALLS FOR THE PEOPLE
- ○ SMEDSUDDSBADET
- ○ SPAZIERGANG DURCH DIE ALTSTADT
- ○ UNDERGROUND ART
- ○ MOOD STOCKHOLM

TO BE CONTINUED...

- ○ ....
- ○ ....
- ○ ....
- ○ ....
- ○ ....
- ○ ....
- ○ ....
- ○ ....

VOR DEINER REISE

Gut zu wissen

NICHT VERGESSEN – Kreditkarte & Ausweis

WÄHRUNG – Schwedische Krone Krona (SEK)

BEZAHLEN – Kartenzahlung ist total populär, es gibt Shops & Restaurants, die kein Bargeld akzeptieren. Man kann sich also den Geldwechsel sparen.

WICHTIGE TEL.-NUMMERN
VORWAHL +46
NOTFALL 112

ALKOHOL – Alkoholische Getränke sind sehr teuer. Daher ist es üblich, dass jeder zum Vorglühen oder zum Abendessen selbst Alkohol mitbringt. Leichtbiere sind im Supermarkt zu kaufen, alle anderen gibt es nur in den staatlich geführten *Systembolaget* (ab 20 Jahren!). Auch Wein und Hochprozentiges kann nur dort oder in Bars & Restaurants gekauft werden (>3,5% Alkoholgehalt).

ERMÄSSIGUNGEN – Mit dem Stockholm Pass (www.stockholmpass.com) hast du freien Eintritt in über 60 Museen und Attraktionen, manche Bootstouren sind inbegriffen, andere billiger. Du kannst ihn für einen (719 SEK) bis fünf (1619 SEK) Tage kaufen.

Seit 2016 ist dank politischer Bestimmungen der regierenden Sozialdemokraten der Eintritt in knapp 20 staatliche Mussen frei.

UNTERWEGS
MIT BUS UND BAHN – Stockholms Nahverkehrsnetz ist sehr gut ausgebaut. Es gibt Busse, U-Bahnen (*tunnelbana*) und S-Bahnen (*pendeltåg*). Am besten kaufst du eine blaue SL-Accesskarte (20 SEK), die du bei Bedarf aufladen kannst.
MIT DEM AUTO – Besser nicht! Parkplätze sind teuer, es wird eine Maut verlangt, Verkehrssünder werden hart bestraft.
MIT DEM TAXI – in Stockholm gibt es zwar sehr viele Taxis, aber viele der jungen Leute benutzen lieber Uber.
MIT DEM FAHRRAD – Stockholm ist radfahrerfreundlich. Anbieter wie *Stockholm City Bikes* (www.citybikes.se) und *Rent a Bike* (www.rentabike.se) vermieten Fahrräder.

LINKS
GETYOURGUIDE.CH – Eintrittskarten & Touren buchen.
FREETOUR.COM – Kostenlose Sightseeing-Touren von Locals buchen.
VISITSTOCKHOLM.COM – Stockholms Touristinfo

Urlaubs-Schwedisch

ja / nein / vielleicht	ja / nej / kanske
bitte / danke	snälla / tack
Gern geschehen	Varsågod
Entschuldigung (a. s. aufmerksam machen)	Ursäkta
Verzeihung! (im Gedränge)	Förlåt!
Gute(n) Morgen / Abend / Nacht	Godmorgon / God /Godnatt
Hallo / Tschüss	Hej / Hej då
Wie geht's dir?	Hur är det med dig?
Gut / Geht so / Schlecht	Tack / Ingentingsärskild / Dåligt
Ich heiße … / Wie heißt du?	Jag heter … / Vad heter du?
Ich möchte …	Skulle jag kunna få …
… ein Bier	… en öl
… ein Glas Wein	… ett glas vin
… eine Zigarette	… en cigarett
… einen Kurzen	… en snaps
Was kostet das?	Hur mycket kostar det?
Ich bin betrunken.	Jag är full.
Bekomme ich deine Nummer?	Kan jag få ditt nummer?
Willst du mit mir tanzen?	Vill du dansa med mig?
Wo finde ich …?	Var kan jag hitta …?
Idiot	Idiot
Ich möchte zahlen, bitte.	Kan jag få notan, tack!
Das habe ich nicht verstanden.	Ursäkta.
Küss mich!	Kyss mig!
Ich liebe dich.	Jag älskar dig.

REISE-KNIGGE

UNBEDINGT VERMEIDEN!

Auf keinen Fall solltest du ...

... einen Regenschirm benutzen.
Die Schweden tragen
lieber coole Regenmäntel.

... mit Schuhen ein Haus
betreten. Selbst in öffentl.
Einrichtungen & beim Arzt trägt
man dann blaue Überzieher.

... (starkes) Parfüm verwenden.
Sonst kann man im Restaurant,
Kino, beim Arzt etc.
rausgeschmissen werden.

... dich vordrängeln. Dies wird
nicht toleriert! Betritt man ein
Geschäft, zieht man eine
Nummer und wartet geduldig.

... siezen. Alle Schweden duzen
einander, benutzen dabei aber
keine Vornamen!
Das tut man erst, wenn
man sich kennt.

... getrennt bezahlen. Am besten
zahlt eine(r) die Summe ganz, ihr
könnt ja dann durch die Zahl der
Esser teilen.

... «fünfe gerade sein lassen».
Schweden geben genau das,
was sie nehmen.
Geizig sind sie jedoch nicht,
sondern sehr gerecht.

... locker etwas essen gehen.
Restaurants sind teuer,
deswegen geht es hier steifer
und vornehmer zu
als gewohnt!

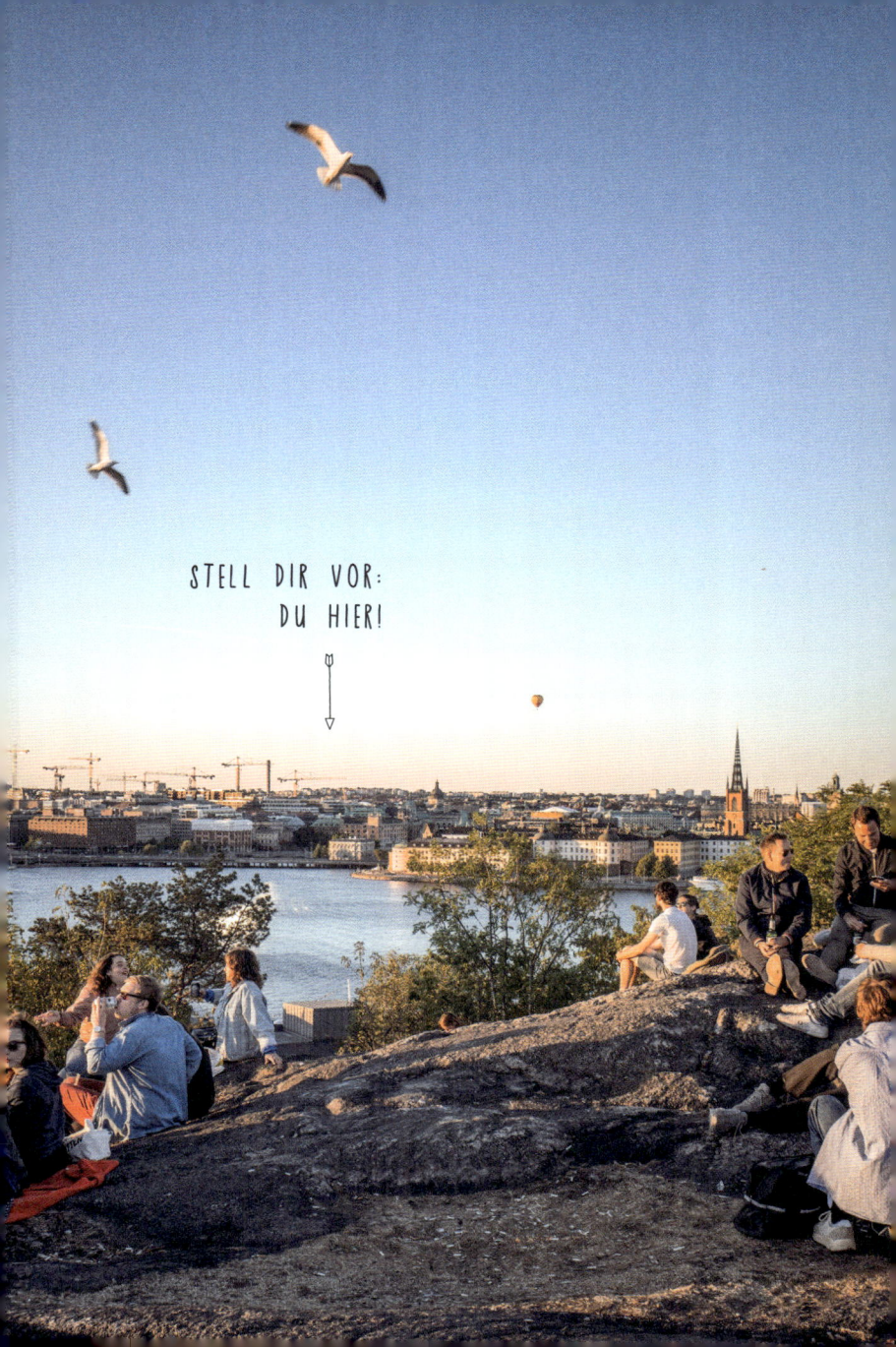

STELL DIR VOR:
DU HIER!

STOCKHOLM
Gamla Stan

Stockholms historisches Zentrum ist ein Gassenlabyrinth, in dem man sich schnell wie auf einer Zeitreise fühlen kann. In seiner Mitte sorgt der Platz Stortorget für Orientierung. Hier lässt es sich nach Herzenslust spazieren, flanieren, shoppen, feiern und relaxen. Royales Flair bietet das riesige Kungliga slottet, wer einen Adrenalinkick sucht, schaut sich das Viertel bei einem Spaziergang über die Dächer an.

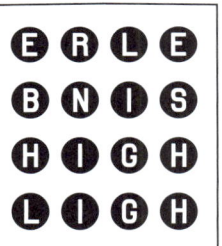

ERLEBNIS HIGHLIGHTS

GAMLA STAN

> **ANGESEILT AUF DÄCHERTOUR**

> **WACHABLÖSUNG IM KÖNIGSSCHLOSS**

> **DEM STADTGRÜNDER INS ANTLITZ SCHAUEN**

> **„NOBEL-EIS" GENIESSEN**

> ....

> ....

> ....

Gassengewirr rund um den Stortorget!

Gamla Stan

SEHENSWERTES

1. SPAZIERGANG DURCH DIE ALTSTADT
2. MÅRTEN TROTZIGS GRÄND
3. AUF STOCKHOLMS DÄCHERN
4. STORTORGET
5. KUNGLIGA SLOTTET
6. MEDELTIDSMUSEET
7. STORKYRKAN

ESSEN & TRINKEN

8. OLD TOWN BISTRO
9. BISTRO NOBEL
10. B.A.R.
11. PHARMARIUM
12. NYSTEKT STRÖMMING

SHOPPING

13. SANDQVIST
14. GAMLA STAN – GASSEN UND MEHR

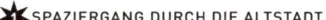

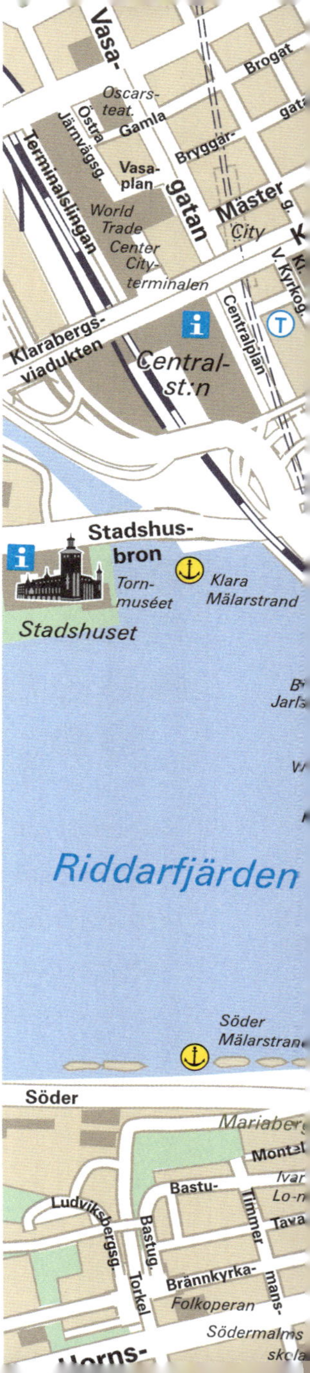

Die malerische Straße Prästgatan ist der wohl beliebteste Insta-Foto-Spot in Gamla Stan. An der Ecke Prästgatan/Kåkbrinken befindet sich übrigens ein Runenstein aus dem Jahr 1100 in der Wand – sehr beeindruckend!

SEHENSWERTES

1. SPAZIERGANG DURCH DIE ALTSTADT

Stockholms Altstadt „Gamla Stan" schwimmt sozusagen auf dem Wasser. Hier auf den Inseln Stadsholmen und Riddarholmen stehen wahnsinnig schöne bunte alte Häuser, und obwohl es ziemlich tourimäßig zugeht, genieße ich es immer, durch die sehr gut erhaltenen Gassen zu schlendern. Angesichts der Kulisse kann man sich super vorstellen, wie die Menschen früher in Stockholm lebten – aber keine Sorge, altehrwürdig geht's hier nicht gerade zu: Im Gassengewirr ist einiges los und in den zahlreichen Restaurants, Cafés, Bars und (Musik-) Kneipen pulsiert das Leben bis spät in die Nacht. Dann liegen auch die Kreuzfahrer, die Gamla Stan tagsüber immer wieder mal fluten, in ihren Kojen. Die Kopfsteinpflasterstraßen und mehrfarbigen Gebäude von Gamla Stan machen die historische Altstadt aber auch zur idealen Foto-Kulisse. **Die Gegend ist voll von beliebten Insta-Foto-Spots wie etwa die Tyska Brinken (Straße), von der aus man einen einmaligen Blick auf die Häuser des höher gelegenen Södermalm hat.** Es lohnt sich aber auch, seitlich in die eine oder andere Gasse zu spähen, denn hier lässt sich immer wieder ein Blick aufs Wasser erhaschen.

Prästgatan | Bus: Kornhamnstorg, Riddarhustorget

BUCKET LIST
Altstadt

Die schönsten Bilder von deinem Spaziergang durch die Altstadt

FOTO TIPP FOTO TIPP FOTO TIPP FOTO TIPP

2. MÅRTEN TROTZIGS GRÄND (MÅRTEN-TROTZIGS-GASSE)

Keine Sorge, du passt da durch! Und wenn du nicht gerade klaustrophobisch veranlagt bist, lohnt es, Stockholms schmalste Gasse (mit ziemlich vielen Treppenstufen) zu durchlaufen. Eine Portion Grusel kann sich allerdings schon einstellen: In der Enge und Stille wurden im dunkelsten Mittelalter hier wohl so einige Menschen um die „Ecke" gebracht! Die an ihrer engsten Stelle 92 cm breite Gasse zwischen Västerlånggatan und Prästgatan wurde nach dem deutschen Kaufmann Martin Traubtzig (1559–1617) benannt, einem reichen Eisen- und Kupferhändler, der hier zwei Häuser besaß. Er starb durch Mord – allerdings nicht in der Gasse, sondern auf Reisen.

Mårten Trotzigs Gränd | U-Bahn: Gamla Stan; Bus: Slottsbacken

Ich liebe diese crazy Gasse! Sie ist dank der Grafiti ein echt cooler Insta-Foto-Spot, aber da es hier oft touristisch zugeht, solltest du für Fotos am besten früh morgens kommen.

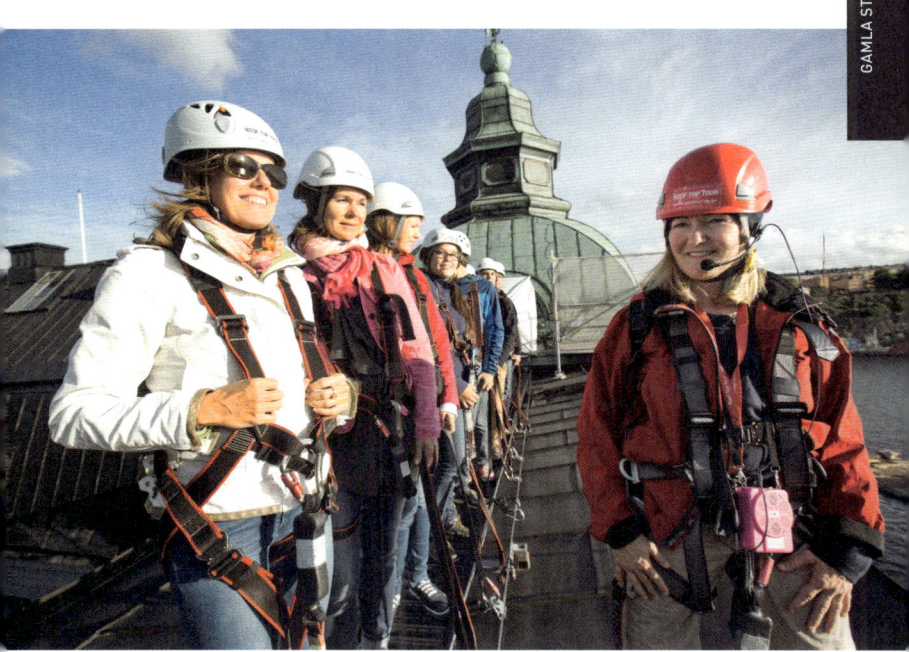

3. AUF STOCKHOLMS DÄCHERN

Ein Abenteuer für Schwindelfreie samt außergewöhnlichen Stockholm-Perspektiven: In 43 m Höhe läufst du – professionell gesichert natürlich – auf Gehsteigen über die Dächer von Riddarholmen und schaust dir das Viertel rund um das ehemalige Reichstagsgebäude von oben an. Klettern ist nicht angesagt, Zuhören aber schon, denn die Guides haben Anekdoten und Historisches zu erzählen.

Am besten buchst du vorab auf www.takvandring.com. Der Preis pro Person inkl. Leihgebühr für Seil- und Kletterausrüstung und Führung (Englisch oder Deutsch) beträgt 695 SEK (ca. 65 Euro), die sich für dieses einmalige Erlebniss und die tolle Kulisse in jedem Fall lohnen!

Stora Gråmunkegränd 14 | Busse: Riddarhustorget

Magenkribbeln beim Blick in die tiefen Straßenschluchten ist ebenfalls inklusive!

4. STORTORGET

Mitten im Gassengewirr von Gamla Stan öffnet sich auf einer leichten Anhöhe ein weiter kopfsteingepflasterter Platz – der Stortorget. Riesig ist er nicht gerade, aber von hübschen historischen Fassaden, Cafés, Kneipen, Bars und Restaurants flankiert. **Am besten gehst du zum Brunnen in der Mitte des Platzes und lässt den Blick rundum wandern – und die Kameralinse gleich mit, denn der Stortorget ist eines der beliebtesten Fotomotive der Stadt.** Besonders an den langen Sommerabenden hat der Platz eine ganz spezielle Stimmung. Wo heute entspannt die Stockholmer flanieren und im Winter die Buden des Weihnachtsmarktes stehen, wurde um 1520 bei einem brutalen Blutbad gemordet und enthauptet oder Menschen an den 5 m hohen Pranger gestellt. Auch wenn's den Anschein hat: Richtig alt sind die Gebäude hier jedoch nicht. Nach einem schweren Brand im Jahr 1625 wurden anstelle der damaligen Holzhäuser Steinhäuser errichtet. Viele von ihnen haben gemütliche alte Gewölbekeller, in denen man es sich heute gutgehen lassen kann.

Stortorget | U-Bahn: Gamla Stan; Bus: Slottsbacken

FOTO TIPP FOTO TIPP FOTO TIPP FOTO TIPP

Wem der Foto-Trubel rund um die Häuschen zuviel wird, dem empfehle ich, mit der Lieblings-Eiscreme in der Hand entspannt über den Platz zu schlendern!

BUCKET LIST
Stortorget

Eines der berühmten Häuser am Stortorget fehlt.
Fülle die Baulücke.

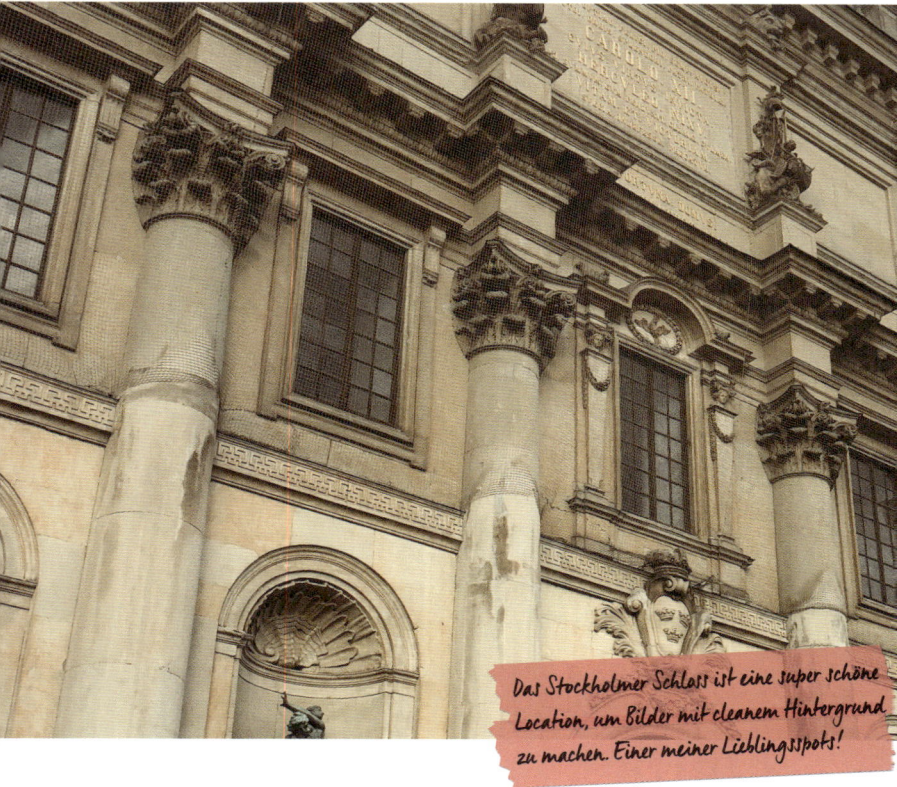

Das Stockholmer Schloss ist eine super schöne Location, um Bilder mit cleanem Hintergrund zu machen. Einer meiner Lieblingsspots!

5. KUNGLIGA SLOTTET

Schweden ist bekanntlich ein Königreich, die Royals um König Carl Gustaf und Königin Silvia (geb. Sommerlath) haben sogar einen ähnlichen Glamour-Faktor wie die britischen Windsors. Da braucht es in der Hauptstadt auch ein Schloss, das als Kulisse für royale Spektakel wie die im äußeren Königlichen Schlosshof frei zugängliche tägliche Wachab-lösung und als Veranstaltungsort festlicher Empfänge dient. Das mit über 600 Zimmern riesige Königliche Schloss – offiziell Wohnsitz und Arbeitsplatz des Königs (tatsächlich wohnen Carl Gustaf und Silvia auf Schloss Drottningholm im Mälarsee) – dient vor allem repräsentativen Zwecken. Teile davon kannst du besichtigen: den prachtvollen Reichssaal, üppig ausgestattete Repräsentations-

TIPP
Um die Ecke in der Trädgårdsgatan erfüllt die Miniskulptur eines Jungen allen, die ihm 3x über den Kopf streicheln, einen Wunsch – da sind sich die Stockholmer sicher. Du würdest gern mal wiederkommen? Dreimal um den Winzling herumlaufen!

FOTO TIPP FOTO TIPP FOTO TIPP FOTO TIPP

räume, die dem Spiegelsaal in Versailles nachempfundene Galerie Karls XI., Schatz- und Rüstkammer mit dem ausgestopften Pferd namens Streiff von König Gustav II. Adolf … **Wer will, geht sonntags zum Gottesdienst in die Schlosskapelle oder genießt im Sommer dort ein Konzert.**

Järnpojke – der kleine Junge, der zum Mond sieht – erfüllt angeblich Wünsche.

Slottsbacken 1 | U-Bahn: Gamla Stan; Bus: Slottsbacken

Zum Gruseln, aber gratis – das Mittelaltermuseum!

6. MEDELTIDSMUSEET

Schon mal von Birger Jarl gehört? Der Fürst und Gründer Stockholms lebte im 13. Jh., im Mittelalter-Museum kannst du ihm von Angesicht zu Angesicht gegenübertreten – unter der Erde! So scary wie das klingt, ist es aber nicht: Birgers Gesicht wurde rekonstruiert, genauso naturgetreu wie das Leben in der mittelalterlichen Stadt mit Pranger, Rittern und Klosterkreuzgang. Zu sehen ist das alles ebenso wie Teile der alten Stadtmauer, das 22 m lange Riddarholm-Schiff und ein unterirdischer Fluchttunnel im 6 m unter der Erde liegenden Medeltidsmuseet. Noch eine Prise Grusel: Das Museum liegt auf dem Gelände des Armen- und Soldatenfriedhofs, auf dem im Mittelalter 4000 Menschen begraben wurden. Das 21. Jh. zeigt aber auch Präsenz: **Jede Menge Multimedia sorgen für ein lebendiges Geschichtserlebnis – vom Bierkeller bis zum Galgenhügel!**

Strömparterren 3 | Helgeandsholmen | U-Bahn: Kungsträdgården; Bus: Karl XII:s torg; Straßenbahn: Kungsträdgården

7. STORKYRKAN (ST. NIKOLAI KIRCHE)

Hier in der Stockholmer Domkirche wurden royale Häupter gekrönt, bis heute heiraten sie hier, z. B. 1976 König Carl Gustaf seine Silvia sowie 34 Jahre später Kronprinzessin Victoria ihren Daniel. Es hat noch nicht lange Tradition, dass schwedische Royals eine/n Bürgerliche/n heiraten. Abgesehen von der royalen Romantik hat dieses fünfschiffige, 1306 geweihte Gotteshaus einiges zu bieten. Das fängt mit der Fassade an, die zeigt sich nämlich prachtvoll in italienischem Barock, innen zählen der schwarz-silberne Renaissancealtar, die mittelalterlichen Deckengemälde in der Marienkapelle und die 3,50 m hohe spätgotische Skulptur des hl. Georg mit dem Drachen zu den Highlights. **Das letztgenannte Werk ist auch eine kuriose Rarität: Der Künstler brachte gruselige Details wie echtes Rosshaar und ein Elchgeweih zum Einsatz!** Unter der Kanzel ruht außerdem Olaus Petri (1493–1552), Schwedens großer Reformator, dem die Schweden es zu verdanken haben, dass sie (vorwiegend) Protestanten sind.

Trångsund 1 | U-Bahn: Gamla Stan; Bus: Slottsbacken

FOTO TIPP

Den besten Shot machst du aus den Gassen von Gamla Stan heraus: An der Ecke Stora Gråmunkegränd und Stora Nygatan nach Osten schauend ergibt sich die schönste Perstektive!

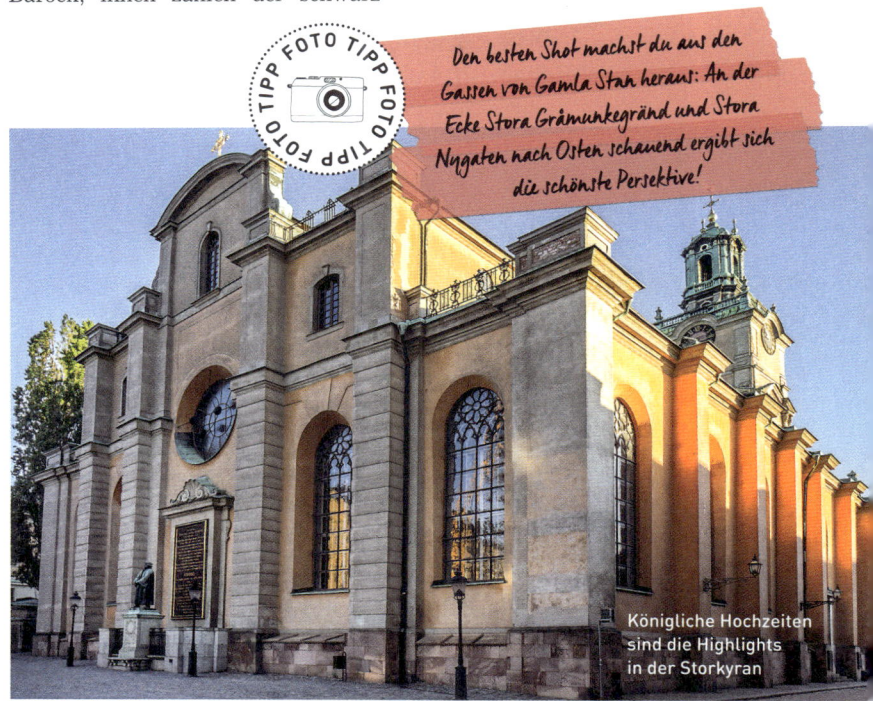

Königliche Hochzeiten sind die Highlights in der Storkyran

Hier ist nicht nur das Interieur super fotogen, sondern auch das leckere Essen! Profi-Tipp: Mit einem Retro-Filter entstehen im Bistro auch coole Video-Storys für Instagram.

ESSEN & TRINKEN

8. OLD TOWN BISTRO

Dieses Bistro im Wohnzimmer-Style-Design ist perfekt, wenn du dich nach deinem Spaziergang durch die Altstadt aufwärmen möchtest oder den kleinen Hunger stillen willst. Das Café liegt wirklich mittendrin und passt perfekt zum Old-Town-Feeling. Wenn ich hier auf die Karte schaue, bleibe ich meist beim Salted Caramel Cake oder dem Rhubarb and Strawberry Pie hängen. Lemon-Water gibt's übrigens kostenlos dazu.

Stora Nygatan 26 | U-Bahn: Gamla Stan | www.cafelazyhouse.se

9. BISTRO NOBEL

Am Stortorget steht die prächtige Alte Börse von 1788, heute Sitz des Nobel-Museums. Hier erfährt man alles über den Begründer des Nobel-Preises Alfred Nobel und die Preisträger der bekannten Auszeichnung. Danach – oder einfach so – empfiehlt sich ein Besuch im Bistro Nobel. Mit seinem Interior erinnert es an die typischen Kaffeehäuser in Wien, Berlin und Paris. Tipp: Unbedingt das leckere und berühmte Nobel-Eis probieren, das so 1976-1998 tatsächlich den illustren Gästen der Nobel-Banketts serviert wurde. Da fühlt man sich doch gleich geehrt!

Stortorget 2 | U-Bahn: Gamla Stan; Bus: Slottsbacken | www.nobelprizemuseum.se | @NobelMuseum

10. B.A.R.

Frischer Fisch und Krustentiere in cooler Atmosphäre! In Blasieholmens Akvarium och Restaurang – dafür steht B.A.R. – kannst du den frisch auf Eis drapierten Fisch und, wenn du möchtest, alle (!) Zutaten für dein Gericht selbst aussuchen. Leckere Vorspeise: frische oder geräucherte Krabben mit Mayonnaise und Zitrone. Take away geht natürlich auch.

Blasieholmsgatan 4a | U-Bahn: Kungsträdgården; Bus: Karl XII:s torg | www.restaurangbar.se | @restaurangbar

Große Auswahl im B.A.R.

11. PHARMARIUM

Stilvolle Atmosphäre bei gedimmtem Licht – mitten in der Altstadt ist das Restaurant Pharmarium in einer ehemaligen Apotheke stylish eingerichtet und nicht nur deshalb ein echt cooler Spot. Beim Blick in die Cocktailkarte hast du die Wahl zwischen außergewöhnlichen Kreationen wie „Cloud Nine", „Raven's Nest", „Dream Catcher" und „Opium" – serviert in einem alten Parfümflakon. Dazu gibt's nordische und internationale Gerichte neu interpretiert, die jedoch nicht ganz billig sind. In der zugehörigen Bar kann man aber auch einfach nur einen leckeren Cocktail genießen.

Stortorget 7 | U-Bahn: Gamla Stan; Bus: Slottsbacken | www.pharmarium.se | @pharmarium

12. NYSTEKT STRÖMMING

Preiswert, kultig und lecker – Stockholms Fastfood-Klassiker. Am Food Truck gibt's ganz klassisch gebratenen Hering in verschiedenen Variationen, als Burger, auf Knäckebrot oder mit Kartoffelpüree. Immer dabei: Gurkensalat und frische Zwiebeln. Eben ein waschechtes Nordlicht!

Kornhamnstorg 2-4 | U-Bahn: Slussen; Bus: Kornhamnstorg, Mälartorget

SHOPPING

13. SANDQVIST

Im Jahr 2004 von drei Jugendfreunden gegründet, vertreibt Sandqvist seine stylischen Rucksäcke und Taschen in Metropolen wie Paris, London, Berlin – und natürlich in Stockholm (nahe der Tyska kyrkan, der Deutschen Kirche). Urban, funktional und formschön sollen die Produkte sein, bei den Stockholmern sind sie mega-in und inzwischen auch in ganz Europa bekannt!

Västerlånggatan 63 | U-Bahn: Gamla Stan | www.sandqvist.com

14. GAMLA STAN – GASSEN UND MEHR

Das Gassengewirr von Gamla Stan ist recht unübersichtlich. Trotzdem ist ein Einkaufsbummel hier sehr beliebt.

Ich liebe die engen Gassen von Gamla Stan und ihre süßen Läden!

Die Einkaufsstraße Västerlånggatan ist hochfrequentiert, das Angebot dort ist eher touristisch. Für einen gemütlichen Bummel besser geeignet ist deshalb die Österlånggatan. Aber auch abseits dieser beiden Straßen kannst du in den ausgefallenen, kleinen Läden & Boutiqen im Gassengewirr ausgiebig stöbern und shoppen.

U-Bahn: Gamla Stan

STOCKHOLM
Norrmalm

Stockholms modernes Herz schlägt in Norrmalm. Coole Kunst im Untergrund, ein Wellness-Tempel und ein riesiger, grüner Park, die besten Fleischbällchen von Stockholm, eine Bar aus Eis und Fashion vom Feinsten – auf all das dürft ihr euch freuen. Aber auch einige Bausünden aus den 1950ern und 1960ern, als hier die Abrissbirne wütete, gehören zum Stadtbild.

ERLEBNIS HIGHLIGHTS NORRMALM

> **SONNENUNTERGANG AM RIDDARFJÄRDEN**

> **ART IN THE SUBWAY**

> **PARADIES FÜR LESERATTEN**

> **ZIMTSCHNECKEN & FILTERKAFFEE**

> ....

> ....

> ....

Stockholm-City ist das moderne Stadtzentrum.

Norrmalm

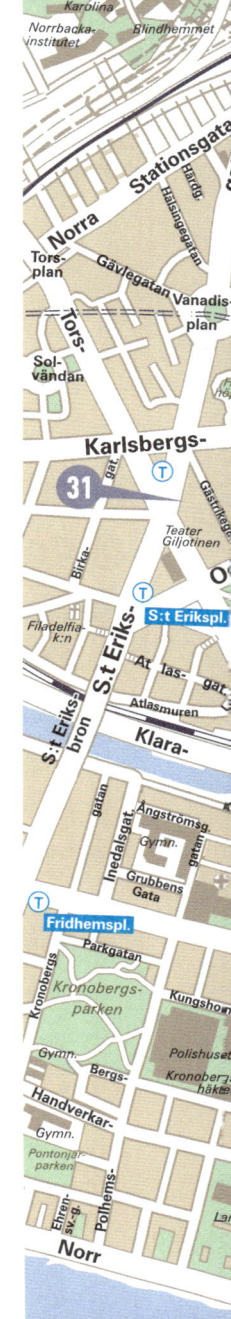

Nahezu überall kommt man nah ans Wasser und kann dann endlos lange spazieren. Das liebe ich an Stockholm! Unterwegs bieten sich übrigens viele tolle Foto-Motive, besonders bei Sonnenuntergang oder eisblauem Himmel!

FOTO TIPP FOTO TIPP FOTO TIPP FOTO TIPP FOTO

SEHENSWERTES

15. SPAZIERGANG AM UFER

Brrr! Zugegeben: Manchmal kann es einem auf einem Spaziergang am Wasser schon ein bisschen frisch werden, vor allem, wenn der Wind ordentlich bläst. Aber es lohnt sich, denn es ist wahnsinnig schön, hier am Wasser entlangzugehen, besonders, wenn es im Sonnenlicht glitzert. Los geht es am coolen, futuristischen Stockholm Waterfront Congress Center, wo ihr unter der sechsspurigen Inselverbindung Centralborn hindurch ans Ufer gelangt. Einen Kanal mit Motorbooten immer zur Linken könnt ihr nun bis zu einer Fußgängerbrücke laufen, auf der anderen Seite geht's zurück. Da kommt ein riesiger Backsteinklotz in den Blick, auf dessen Turm die drei schwedischen Königskronen golden glänzen: In Stockholms Stadshus (Stadthaus) werden übrigens jedes Jahr am 10. Dezember die Nobelpreise verliehen. Du hast noch nicht genug? Dann kannst du von hier am Riddarfjärden ein ganzes Stück weiter schlendern – **vor allem bei Sonnenuntergang unglaublich schön und trotz Kälte sogar ein wenig romantisch!**

Blekholmsgatan 2 | U-Bahn: T-Centralen

BUCKET LIST
Spaziergang am Ufer

Klebe eine Feder ein.

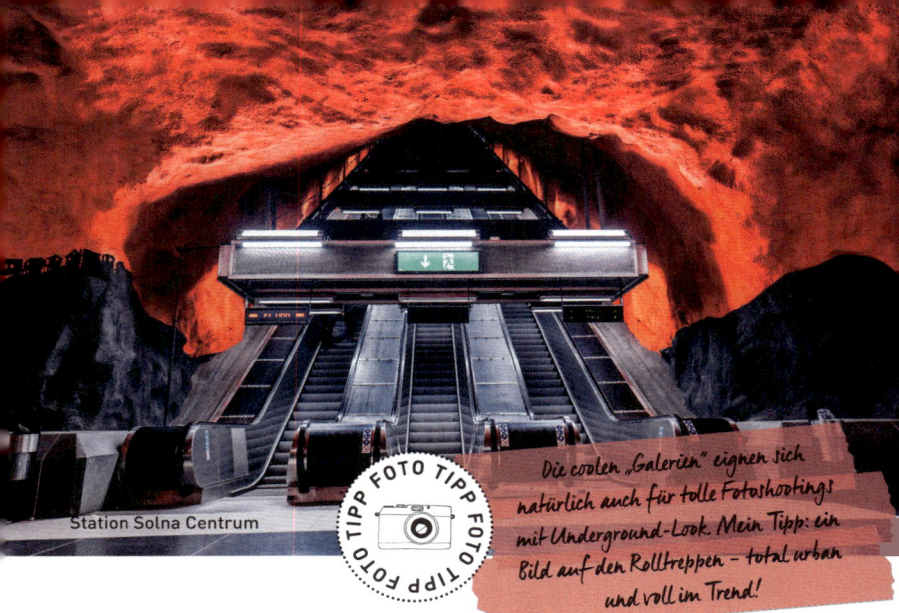

Station Solna Centrum

FOTO TIPP FOTO TIPP FOTO TIPP FOTO

Die coolen „Galerien" eignen sich natürlich auch für tolle Fotoshootings mit Underground-Look. Mein Tipp: ein Bild auf den Rolltreppen – total urban und voll im Trend!

16. UNDERGROUND ART

Für mich eine der schrägsten Galerien überhaupt! Und gleich auch noch die wahrscheinlich längste der Welt! Wer sie sehen will, muss in den Untergrund. Denn die Kunstwerke hängen nicht an irgendwelchen Museumswänden, sondern können in den Metrostationen der Stockholmer Tunnelbana quasi im Vorbeigehen angeschaut werden. Diese rattert auf drei Linien unter der Innenstadt hindurch. Es ist ganz schön verrückt, was es da alles zu sehen gibt. Mosaike, Malereien, Statuen, Installationen – mehr als 150 Künstler haben sich in rund 90 Stationen so richtig ausgetobt. Ich liebe es! Beispiele gefällig? Fang am besten in der Station T-Centralen an, dem ganz in Blau und Weiß gehaltenen Knotenpunkt des U-Bahn-Netzes (siehe S. 30). Oder schau dir den riesigen Regenbogen in der Station am Stadion an (siehe S. 3), die ansonsten komplett in hellblau gehalten ist. Ein „Alptraum in Blutrot" wartet in der Station Solna Centrum. Die Station Hallonbergen ist dagegen über und über voll mit kritzeligen Kindermalereien. Am Odenplan ist eine der jüngsten Installationen zu sehen, die unter die Haut geht. Denn für die insgesamt 400 m langen LED-Röhren an der Decke ließ sich der Künstler vom Herzschlag seines Sohnes bei der Geburt inspirieren. Neugierig geworden? Dann geh auf eine Entdeckungstour! Tipps gibt es unter www.visitstockholm.com/art-in-the-subway. **Ansonsten brauchst du nur noch ein gültiges Ticket, ein bisschen Zeit und natürlich deine Kamera!**

U-Bahn: Ausgangspunkt T-Centralen (rote Linie, grüne Linie, blaue Linie)

BUCKET LIST U-Bahnhöfe

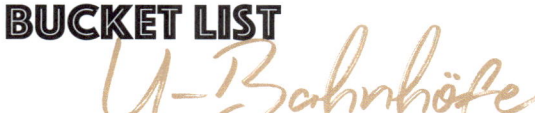

Du warst mit der U-Bahn unterwegs?
Hier ist Platz für ein Foto
an deiner Lieblingsstation.

Ich im ...

17. BRUNKEBERGSTUNNEL

Noch ein Ziel im Untergrund, um aus-gefallene Schnappschüsse und Selfies zu machen: Der Brunkebergstunnel zwischen David Bagares Gata und Tunnelgatan ist eine 231 m lange und 4 m breite Röhre, mit ihrem genieteten Wellblech in Gelb und Silber und dem weißen Neonlicht ganz schön spacig! **Diese futuristische Atmosphäre und die leuchtend gelbe Farbe macht den Brunkeberg-Tunnel zu einem der beliebtesten Instagram-Spots in Stockholm.** Nur Fußgänger und Radler dürfen ihn übrigens benutzen. Ziemlich tricky war der Tunnelbau: Mitte der 1880er-Jahre musste man eine Gefriermaschine aus England herankarren, um das lose Gestein tief-zugefrieren. Erst dann konnte man weiterbuddeln.

Brunkebergstunneln |
U-Bahn: Hötorget

Hier im Tunnel kann man echt coole Bilder machen! Nicht umsonst ein echter Insta-Spot.

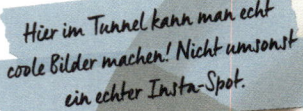

18. CITY LIBRARY

Schon von außen ist Stockholms ockerfarbene Stadtbibliothek ein echter Hingucker. Auffällig ist der kreisrunde Hauptraum, der in der Mitte des Bauwerks in die Höhe ragt. Fast wie ein überdimensionaler Zylinderhut wirkt das Ganze. Doch nicht nur die Hülle hat es in sich: Selbst Büchermuffel werden die Regale begeistern, die in dem Rund bis an die Decke reichen. Leseratten aber dürften sich hier wie im siebten Himmel fühlen. Spätestens wenn du dich an ein ruhiges Plätzchen verzogen hast

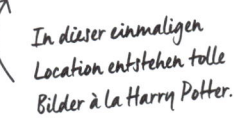

In dieser einmaligen Location entstehen tolle Bilder à la Harry Potter.

und ein bisschen schmökerst, wirst du verstehen, warum das Reisemagazin *Condé Nast Traveler* die Bibliothek zu einer der schönsten des Planeten gekürt hat.

Und für noch etwas lohnt es sich, herzukommen: Die Stadtbibliothek ist ein cooler Foto-Spot, den noch nicht jeder in seinem Instagram-Profil hat!

Sveavagen 73 | U-Bahn: Odenplan (grune Linie)

19. CENTRALBADET

Hier relaxt ihr stilvoll im wundervollen Jugendstilambiente eines traditionsreichen Badetempels von 1904. **Mitten in der Stadt erwartet euch eine Oase, in der ihr nach einer langen Partynacht zu neuen Kräften kommt.** Toll ist es, unter der geschwungenen himmelblauen Decke der großen Halle ein paar Bahnen zu ziehen. Oder man dümpelt nur im angenehm warmen Wasser und schaut sich das bunte Glasfenster an, das eine stimmungsvolle Seenlandschaft zeigt.

Lieber ein bisschen Wellness? Drei Saunen, Kneipp-Bad, Hydrotherapie- und Kaltwasser-Pool, Dampfbad oder auch Bodywrapping mit Zimt und Arctic Berry Peeling lassen keine Wünsche offen. Und den Winterblues vertreibt ihr in der Ecobar mit Organic Spa Food und Sonnenlicht. Da vergisst man leicht mal die Zeit. Zum Glück gilt das Ticket für den ganzen Tag.

Drottninggatan 88 | U-Bahn: Hötorget

20. KUNGSTRÄDGÅRDEN

Der frühe Vogel fängt den Wurm! Frühaufsteher – oder Partygänger mit viel Kondition – werden mit den ersten Sonnenstrahlen des Tages belohnt, die durchs Blätterdach der knorrigen Bäume fallen. Aber auch später am Tag, wenn am Kungsträdgården das pralle Leben herrscht, lohnt ein Abstecher. Bürohengste snacken, Passanten plaudern, Mädels bräunen ihre Beine, Pärchen flirten – und alle wollen etwas Sonne abbekommen. Einst schien sie hier nur auf das Haupt des Königs und die seiner Bediensteten, die im Auftrag seiner Majestät Rettich, Zwiebeln und Gurken anbauten. Also: Holt euch um die Ecke einen Imbiss oder ein Eis und genießt das Stockholmer *urban life*. **Im Winter verwandelt sich der Garten übrigens in eine riesige Eislaufbahn – der Hammer!** Zu jeder Jahreszeit lassen sich hier auf jeden Fall super coole Bilder machen!

Jussi Björlings Allé | U-Bahn: Kungsträdgården

NORRMALM

FOTO TIPP FOTO TIPP FOTO TIPP FOTO TIPP

Kleiner „Geheimtipp": Im Frühjahr verwandelt die Kirschblüte den Park rund um das Wasserbecken für kurze Zeit in eine rosa Allee – dann ist er ein toller Insta-Foto-Spot!

21. HÖTORGET & HÖTORGS-HALLEN

Wer gern stöbert, wird sich im Zentrum des quirligen Norrmalm rund um den Hötorget (und den nahen Sergelstorg) pudelwohl fühlen. Heu (schwedisch „hö") gibt es natürlich nicht mehr zu kaufen, im Namen des Marktplatzes ist es aber noch präsent. Heute verkaufen die Stände Obst, Blumen und Gemüse und allerlei Krempel made in China. Lohnt sich nicht? Dann komm am Sonntag, wenn auf dem Flohmarkt so manche coole Entdeckung zu machen ist. Absolut top ist der Gourmettempel eine Etage tiefer: In den Hötorgshallen warten Spezialitäten aus aller Welt, von denen du die eine oder andere vorher vielleicht noch gar nicht gekannt hast. **Experimentierfreude beweist, wer Elch- und Rentierfleisch probiert.** Gibt's bei *Hellbergs Fågel och Vilt*, auch vakuumiert zum Mitnehmen!

Hötorget | U-Bahn: Hötorget

Hier warten Leckereien und so manche kulinarische Kuriosität auf dich!

LOW $ BUDGET

TIPP

Die Schweden lieben es, auf Schlittschuhen ein paar Runden zu drehen. In frischer Winterluft könnt ihr das auf der künstlichen Eislaufbahn im Vasaparken kostenlos tun.

PARKS

22. VASAPARKEN

Der Park für Bewegungsfreaks! Die grüne Lunge von Vasastan ist bei den Stockholmern ein beliebter Platz für Spiel, Sport und Spaß. Wenn ihr also was für eure Fitness tun wollt, zieht die Laufschuhe an, schnappt euch einen Volleyball oder einen Minigolf-Schläger und mischt euch unters Volk. Sogar ein richtiges Fußballfeld gibts hier sowie einen großen Kletterfelsen. Die Belohnung? Ein Picknick unter den rund 100 Jahre alten Bäumen! Man muss es ja schließlich nicht übertreiben.

Und wenn ihr früher begeistert die Bücher von Astrid Lindgren gelesen habt, könnt ihr noch einen Abstecher in die Dalagatan 46 machen, wo die „Mutter" von Pipi Langstrumpf 1941 bis zu ihrem Tod 2002 mit Blick auf den Park wohnte. Die Wohnung kann man im Rahmen von Führungen besichtigen.

Dalagatan 11 | U-Bahn: S:t Eriksplan

23. HAGAPARKEN

Etwas außerhalb, dafür aber wirklich riesengroß! Der Hagaparken ist ein Oase für alle, die's gern ein bisschen ruhiger und weitläufiger mögen. Auch bei den schwedischen Royals steht er hoch im Kurs. Gustav III. ließ den Märchenpark Mitte des 18. Jh. nach englischem Vorbild anlegen. **Natürlich samt unzähligen Bäumen, stillem See, sanften Hügeln und einem prachtvollen Pavillon mit weiß-goldenem Interieur, in dessen Spiegelsaal ihr im richtigen Winkel coole Fotos machen könnt.** Obendrein ließ Gustav noch drei orientalische, blau-goldene Kupferzelte als Quartier für seine berittenen Wachsoldaten (1787) errichten, darunter ein türkischer Kiosk. Heute wohnt Kronprinzessin Victoria mit ihrer Familie durchaus standesgemäß im Hagaschloss von 1804 – fernab vom Großstadttrummel, eingezäunt und kameraüberwacht. Und in der Nähe der Kupferzelte flattern bunte Schmetterlinge und Vögel frei in Glashäusern umher. Das Schönste ist aber, einfach eine Picknickdecke auszubreiten, sich ins Grüne zu fläzen und die Sonne zu genießen. Ein ruhiges Plätzchen sollte sich im Hagaparken immer finden lassen.

Hagalund | Bus: Andersvägen, Haga Norra

TIPP

Typisch schwedisch! Lasst Euch im Café Vasaslätten die leckeren Zimtschnecken und Filterkaffee schmecken. Die Aussicht auf den See Brunnsviken dabei ist klasse.

Hier ist das Essen nicht nur lecker, sondern auch total fotogen - so wie das Café selbst!

ESSEN & TRINKEN

24. POM & FLORA

Mein Lieblingscafé in Norrmalm! Genial sind die Acai & Berry Smoothie Bowl, das Danish Rye Bread mit halber Avocado, pochiertem Ei und orientalischem Za'atar und das Bananenbrot. Satt wirst du in jedem Fall. Ob du nun für einen Girls Talk, zum Fotos machen oder um ein bisschen am Laptop zu arbeiten hierher kommst, die coole Atmosphäre des Hipstercafés mit schönem, cleanem Design und vielen Pflanzen passt immer. Ultra angesagt und daher immer gut besucht.

Odengatan 39 | Bus: Roslagsgatan |
www.pomochflora.se | @cafepomflora

25. IT'S PLEAT! CAFÉ

Beim Shoppen können schon mal die Füße weh tun – wie praktisch, wenn man sich dann einfach in eine gemütliche Café-Ecke fläzen kann. Das haben sich auch die Macher von H&M gedacht und das „It's Pleat!" in den ersten Stock der Drottninggatan-Filiale gepackt. Wie es sich für H&M gehört, ist das Design aus Samt, Holz und von der Decke baumelnden Pflanzen natürlich super stylish und ein perfekter Insta-Foto-Spot! Energie für die nächste Shopping-Runde bringen Sandwichs und Salate, Kuchen und Joghurts. Ich empfehle euch den *caramel couture latte*, stilecht mit einem leckeren *chocolate cake* und *coconut chips* oder die *pancakes* mit Erbeer-Rhabarber-Kompott!

Drottninggatan 56 | Straßenbahn: T-Centralen
Spårv | www.pleat.com | @itspleat

26. GRETA'S

„Frühstück bei Tiffany" begegnet „Sex and the City" – Glamour der 1920er-Jahre trifft cooles und modernes Interieur mit Pineapple-Lampen und rosa Plüsch-Stühlen. Ich liebe es! Zugegeben, ein etwas schräger Mix, aber für alle Instagrammer ist das Café-Restaurant im Hotel Haymarket by Scandic gerade deswegen ein absoluter place to be. Also nicht jammern, wenn es mal beim Service etwas länger dauern sollte, sondern das Phone rausholen und ein paar Bilder schießen. Ein Traum in Pink! Das Essen ist keine Offenbarung, aber solide, und für die Lage preislich ok. Auch das zugehörige Hotel kann ich nur empfehlen!

Hötorget 13–15 | U-Bahn: Hötorget | www.scandichotels.se

27. STHLM BRUNCH CLUB

Hier kann ich mich ausgiebig meiner Lieblingsbeschäftigung widmen: all day brekki! Zum Dahinschmelzen sind die Banana Pancakes, ein süßer Traum aus gegrillter Banane, Cashew Cream, Schokosoße und Crumbled Honeycomb Toffee. Himmlisch! Es geht aber auch gesünder und genauso lecker mit Hafer- und Buchweizen-Porridge mit pochierten Chai-Birnen, Maronencreme und gerösteten Haselnüssen. Fürs Hüftgold sorgt dann wieder ein monströser Freakshake aka Insta Shake. Sieht super aus und schmeckt auch so. Filterkaffee zum Nachfüllen gibt's for free. Da reiht man sich gern in die Schlange ein und wartet ein paar Minuten.

Dalagatan 24 | Bus: Sabbatsbergs sjukhus | www.sthlmbrunchclub.se | @sthlmbrunchclub

28. ICEBAR BY ICEHOTEL

Nichts für Frostbeulen! In Stockholms coolster Bar wird kein Drink warm. Schließlich kommen diese in coolen Eisgläsern auf den „Tisch". Der ist bei -5 °C Raumtemperatur genauso aus echtem Eis made in Nordschweden wie alles andere von der Decke bis zum Fußboden. Der spacigen Atmosphäre setzt das düstere blaue Licht noch eins oben drauf. Wirklich frieren muss übrigens keiner. Ihr bekommt Handschuhe und dicke Umhänge, in die ihr euch einkuscheln könnt. Vorher reservieren, geht online! 45 Minuten Aufenthalt kosten 199 SEK inklusive Drink - ein einmaliges und frostiges Erlebnis.

Vasaplan 4 (im Nordic Sea Hotel) | U-Bahn: T-Centralen | www.icebarstockholm.se | @icebarstockholm

29. ARIRANG

Nein, das sind keine asiatischen Kampfsportarten da auf der Speisekarte. Hier gibt's seit 1975 Schwedenhappen auf Koreanisch. Wenn du noch nie *Kimchi* probiert hast, solltest du's hier tun. Das „koreanische Sauerkraut" schmeckt ungewohnt, aber irgendwie lecker. Oder wie wär's mit *Japchae*, Süßkartoffelnnudeln mit allerlei buntem Gemüse? Oder mit *Bulgogi*, dem marinierten „Feuerfleisch" der Koreaner? Unschlagbar, weil ihr gemeinsam ausgiebig schlemmen und quatschen könnt, ist aber das koreanische Barbecue am Tisch – ein absolutes Highlight!

Luntmakargatan 65 | U-Bahn: Rådmansgatan | www.arirang.se | @arirangstockholm

30. TAKPARK BY URBAN DELI

Die Rooftop-Bar im neunten Stock ist für mich die perfekte Location zum Start in den Abend. Über den Dächern von Stockholm lässt sich toll People Watching betreiben oder ein paar coole Fotos schießen. Das Ambiente ist locker, mit viel Grün und Holz, der Dresscode leger, man sieht aber auch den einen oder anderen Anzugträger. Genauso toll ist die Aussicht, besonders wenn im Sommer die golden glühende Sonne einfach nicht untergehen will. Da schmeckt der Cocktail gleich doppelt so gut.

Sveavägen 44 |U-Bahn: Rådmansgatan; Bus: Adolf Fredriks kyrka | www.urbandeli.org | @urbandelisveavagen

NORRMALM

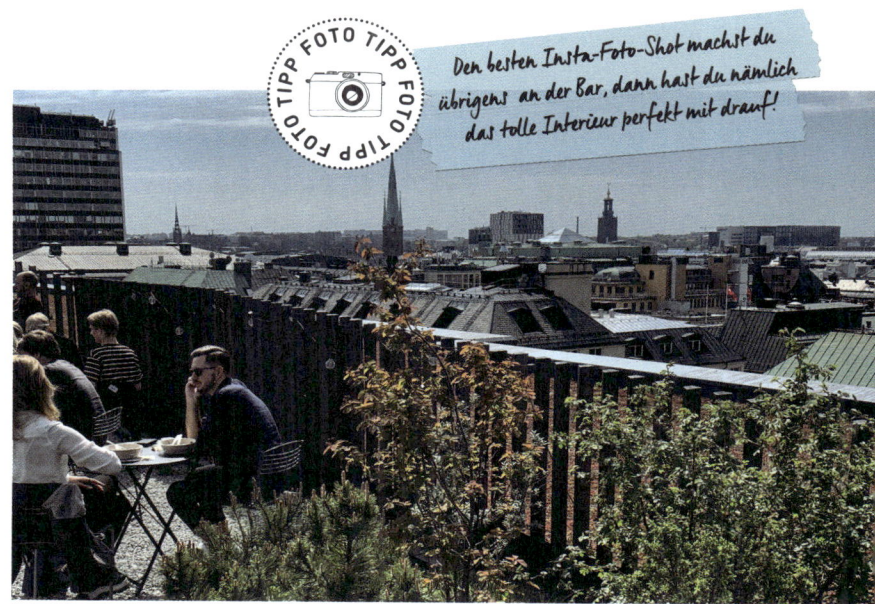

FOTO TIPP FOTO TIPP FOTO TIPP FOTO

Den besten Insta-Foto-Shot machst du übrigens an der Bar, dann hast du nämlich das tolle Interieur perfekt mit drauf!

31. KAFFEVERKET

Hipp und lässig, aber doch boden-
ständig. Ob zum Frühstück, zum
Lunch oder zur *Fika* – der typischen
schwedischen Kaffeepause mit kleiner Leckerei – die Leute aus der
Nachbarschaft lieben das Kaffever-
ket zu jeder Gelegenheit. Mal bleiben
sie zehn Minuten, mal zwei Stunden.
Gehetzt wird jedenfalls keiner. So
kommen auch Freelancer hierher,
die unter Leute wollen und dennoch
gutes WLAN brauchen. Und allen
schmecken die klassischen, gesunden
und insta-gerecht drapierten Sandwi-
ches, Salate und Suppen. Holzfäller-
portionen solltet ihr allerdings nicht
unbedingt erwarten. Auch wenn am

Nachbartisch vielleicht ein Typ im
Holzfällerhemd hockt …

Sankt Eriksgatan 88 | U-Bahn: S:t Eriksplan |
www.kaffeverket.nu | @kaffeverket

32. K25

Fast Food vom Feinsten. Im K25 gibt's
Raffiniertes aus aller Welt zu vernünf-
tigen Preisen. Lust auf Sushi? Oder
Tex-Mex? Wan Tans, Falafel oder
Currys? Elf Restaurants haben sich
unter einem Dach zusammengetan,
da sollte jeder was finden. Und auch
wenn du keinen großen Hunger hast,
lohnt es sich, durchzuschlendern und
hier und da etwas zu snacken. Fazit:
schnell, preiswert und superlecker!

Kungsgatan 25 | U-Bahn: Hötorget |
www.k25.nu | @k25stockholm

33. INDIAN STREET FOOD & CO.

Healthy indisches Essen, leicht
scharf, preiswert und megalecker –
der supercoole Inder am Ende der
Einkaufsstraße eignet sich perfekt für
eine Shopping-Pause. Auf der Speisekarte stehen all die Klassiker, die
du von einer indischen Speisekarte
erwarten darfst. Jede Menge Currys,
Dals, Samosas und Naan-Brot kommen in Portionen zum Sattessen auf
den Tisch. Auch Veggies werden hier
glücklich – unbedingt das Dal & Veggies probieren! Einen Food Truck hat
der Laden übrigens auch. Unter www.
hittatrucken.se gibt's Angaben zu seinem nächsten Stopp.

Sankt Eriksgatan 116 | Bus: S:t Eriksgatan, Karl-
bergsvägen | www.indianstreetfood.se |
@indiansfco

34. RESTAURANG TEGELBACKEN

Die Einrichtung ist ein Traum in Rosa, das Essen ein Gedicht. Der Chef empfiehlt drei bis fünf Gerichte pro Nase, die immer in Medium Size auf den Tisch kommen. So kann man sich super durch die moderne Küche durchprobieren, doch ein billiger Spaß wird das nicht. Dafür gibt's z.B. Tatar mit Austernmayonnaise, Schneekrabbe mit Avocado und Forellenrogen, Iberico-Schwein vom Grill mit grünen Chilis und Kräutern und als Nachtisch ein himmlisches Mousse au Chocolat mit Milcheis und Salted Caramel. Man gönnt sich ja sonst nichts! Wem das Essen zu teuer ist, der sollte trotzdem auf einen Drink vorbeikommen und das Rosa-Ambiente genießen...Vorsicht, Insta-Spot!

Tegelbacken 2 | U-Bahn: T-Centralen | tegelbacken.com | @teg

Im Bakfickan

35. VETE-KATTEN

Mmh, einfach und doch sooo lecker: Eine *kanelbullar* (Zimtschnecke) und eine Tasse frischer, dampfender *brygg* (Filterkaffee), in den man das Hefegebäck tunken kann – vielleicht sind die Stockholmer deshalb so glückliche Menschen. Fragst du, wo es die besten Zimtschnecken gibt, bekommst du zig verschiedene Antworten. Aber das Vete-Katten ist sicher immer dabei. In der edlen, traditionsreichen Bäckerei kann man klasse frühstücken, aber auch Mittagessen und sich gleich noch für die nachmittägliche *fika* (Kaffeepause) mit viel zu vielen verführerischen Süßigkeiten eindecken. Yummy!

Kungsgatan 55 | U-Bahn: Hötorget | www.vetekatten.se | @vetekatten

36. BAKFICKAN

Das Bakfickan liegt klasse direkt an der Oper, gleich beim Kungsträdgården ums Eck, und das hat natürlich seinen Preis. Dafür gibt's hier meiner Meinung nach aber auch die mit Abstand besten *köttbullar* der Stadt! Ihr wisst schon, das sind die kleinen Hackfleischbällchen, die wie in Schweden üblich mit Sahnesoße, Kartoffelpüree, Preiselbeeren und Essiggurken auf den Tisch kommen. Das Restaurant vermittelt ein cooles Bar-Feeling, weil man quasi an der Bar sitzt und isst. Eine leckere Brotauswahl mit Olivenöl wird als Starter serviert, die Cola kommt im Weinglas, der Kleidungsstil ist supercasual! Reservieren könnt ihr nicht.

Jakobs torg 2–12 | U-Bahn: Kungsträdgården | www.operakallaren.se | @bakfickan-stockholm

SHOPPING

37. ACNE STUDIOS

Skandinavischer Style vom Feinsten! Im Flagship Store von Acne Studios gibt's die komplette Kollektion des heiß begehrten Labels. Die Auswahl ist riesig und das Beste: Die Klamotten sind hier sogar etwas billiger als in Deutschland. Echte Trendsetter sind die coolen Jeans, die das Label übrigens weltberühmt gemacht haben und einfach toll sitzen. Aber auch die Cardigans und Lederjacken, die Schuhe und Blazer sind total angesagt. Sogar der Laden selbst ist ein echter Hingucker.

Norrmalmstorg 2 | U-Bahn: Östermalmstorg

LOW $ BUDGET

Acne ist hier günstiger als in Deutschland – klar muss ich deshalb mindestens einmal vorbeischauen, wenn ich in Stockholm bin.

Acne Studios

38. NK NORDISKA KOMPANIET

Dir steht der Sinn nach Shoppen, aber das Wetter lädt nicht gerade zum Schlendern durch die Stadt ein? Dann bist du in diesem noblen und traditionsreichen Kaufhaus richtig. Hier bedient das Flaggschiff der Warenhauskette Nordiska Kompaniet eine eher gehobene Klientel. Architektonisch ist das Gebäude übrigens von Harrods, den Galeries Lafayette

NORRMALM

Das ist echt mega schön! Da könnte ich wirklich stundenlang durchschlendern ... Übrigens auch ein guter Tipp, wenn es draußen mal wieder so richtig kalt ist.

und dem KaDeWe inspiriert – wie diese hat es z. B. einen glasgedeckten Innenhof. Auf vier Etagen (plus Basement) kannst du hier stilvoll shoppen, typisch Schwedisches gibt's im Untergeschoss. Das Land ist ja für seine genialen Designer berühmt – hier könnt ihr schauen, was sie sich so alles einfallen lassen. Coole und exklusive Accessoires bekommt ihr zuhauf. Selbstverständlich gibt's aber auch jede Menge exklusive Mode, z. B.

von solch preppy Unisex-Labels wie J.Lindeberg und Gand sowie Schuhe und Kosmetika. Ganz schön nobel ist auch die gut sortierte Lebensmittelabteilung!

Hamngatan 18–20 | U-Bahn: Östermalmstorg; Straßenbahn: Kungsträdgården

39. HAMNGATAN

Du hättest es lieber ein paar Nummern kleiner als im Kaufhaus? Dann brauchst du vom NK nur vor die Tür

Einkaufspassage Mood

zu treten – auch in der Umgebung planen Boutiquen und Malls mit vielen bekannten Labels einen Großangriff auf dein Reisebudget.

Hamngatan | U-Bahn: Östermalmstorg

40. ÅHLÉNS STOCKHOLM CITY

Noch so ein Superkaufhaus! Im Åhléns Stockholm City an der Kreuzung von Drottningatan und Hamngatan bekommt ihr einfach alles. Ein Stück edle Seife genauso wie Designerglas, Wohndesign und Haushaltsartikel, Make-up und Fashion, Fashion, Fashion. Perfekt, um einfach nur zu stöbern, und zwar wochentags in XXL bis 21 Uhr. Die Preise sind moderat, Schnäppchen nicht ausgeschlossen.

Klarabergsgatan 50 | U-Bahn: Sergels torg

41. MOOD STOCKHOLM

Ein recht neuer Stern an Stockholms Shopping-Himmel. In der hippen und exklusiven Einkaufspassage könnt ihr von einer Boutique zur nächsten ziehen. Alle edel, alle teuer – spätestens hier merkt ihr, dass Stockholm kein billiges Pflaster ist. Wenn der Geldbeutel schlapp macht, heißt das Motto bei American Vintage, Maxjenny!, Valerie und Co. eben „Nur gucken, nicht kaufen". Aber fashionmäßig seid ihr dann wieder up to date! Wenn ihr dagegen aufs Ganze gehen wollt, schnappt euch doch einen Personal Shopper von Mood! Ach ja, einige Designer mit exklusiven Wohnaccessoires und ein paar trendy Restaurants und Café sind auch am Start.

Regeringsgatan 48 | U-Bahn: Hötorget, Östermalmstorg

BUCKET LIST
Mood Stockholm

Bist du unserem Rat gefolgt und warst shoppen an einem der inspirierendsten Orte Stockholms? Klebe zum Beweis etwas ein (das schönste Tag, den tollsten Flyer, die coolste Business Card – klar, ein Foto tut's auch :)

STOCKHOLM

Södermalm

Willkommen auf Trendy-Island! Das einstige Handwerker- und Arbeiterquartier ist heute mit seiner tollen Lokal- und Shopping-szene eines der angesagtesten Viertel der schwedischen Hauptstadt. Junge Familien, Studenten, Künstler, Intellektuelle und Alternative sind in den schmalen Gassen von Södermalm zu Hause, und seit das Viertel als Schauplatz der Stieg-Larsson-Trilogie bekannt wurde, zieht es auch immer mehr Touristen an.

ERLEBNIS HIGHLIGHTS SÖDERMALM

> **IM SOFO CHILLEN**

> **FLOHMARKT AM WASSER**

> **LAKRITZ-TASTING**

> **SKYVIEW AM GLOBEN**

> ....

> ....

> ....

Vom Schmuddel- zum entspannten Hipster-Viertel

Södermalm

50 FOTOGRAFISKA MUSEET

51 AUSSICHTSPLATZ
FJÄLLGATAN

52 VICTORIA

53 ERICSSON GLOBE

PARKS

47 SKINNARVIKSPARKEN

ESSEN & TRINKEN

55 PRIMO CIAO CIAO

54 MELANDERS

57 BABEL BAZAAR

58 BAROBAO

59 KALF & HANSEN

60 URBAN DELI NYTORGET

61 MAHALO

62 KOH PHANGAN

43 MEATBALLS FOR
THE PEOPLE

64 PARADISET

SHOPPING

65 ARTY ATTITUDE &
SÖDERS RETRO

66 FACE STOCKHOLM

67 GÖTGATAN

Hier kann man eigentlich an jeder Ecke und in jedem coolen Hipster-Café ein schönes Bild machen. Einfach ein bisschen herumschlendern und entdecken.

SEHENSWERTES

42. SOFO

SoFo (Kürzel für South of Folkungagatan), das hippe Szeneviertel auf Södermalm mit unverwechselbar schwedischem Charme, zählt zu meinen absoluten Lieblingsvierteln. Hier hat man schnell das Gefühl, Teil der Stadt zu sein und kann das „daily life" der jungen, schwedischen Szene in allen Facetten hautnah miterleben. Ich liebe es, mich im SoFo (sollte jetzt jemand rätseln: Das ist eine Anspielung auf Manhattans SoHo) einfach treiben zu lassen, immer wieder entdecke ich dabei zufällig neue coole Hotspots und ausgefallene Restau-rants – denn davon gibt es eine Menge. An jeder Ecke stößt man auf nette Cafés und Bars, schöne Geschäfte mit Mode, Schmuck, Kunst, Vintage- und Secondhand-Artikeln sowie kleine Galerien und Läden von lokalen Künstlern und Designern. **Mit einem breiten Angebot an Kneipen und Clubs ist das SoFo auch bei Partygängern ein beliebtes Pflaster, und so bin ich hier selbst schon viele Abende unterwegs gewesen!** Nur noch wenig erinnert übrigens daran, dass dieser Teil von Södermalm früher mal ein Arbeiterviertel war – die Gentrifizierung ist in vollem Gange.

Skånegatan 86 | U-Bahn: Medborgarplatsen

BUCKET LIST
SoFo

Hol dir hier Inspiration und sei kreativ! Ob du einen Song schreibst, etwas erfindest oder ein kleines Kunstwerk zauberst, ist völlig egal.

43. HORNSTULLS MARKNAD

Von April bis September findet jeden Samstag- und Sonntagnachmittag am südwestlichen Zipfel von Södermalm entlang der Promenade an Hornstulls Strand ein wunderbarer Flohmarkt statt: der Hornstulls Marknad. Das bunte Treiben direkt am Wasser verbreitet echtes schwedisches „Summer-Feeling" und lockt mit unzähligen Ständen und Live-Musik die Besucher in Scharen an. Das breite Angebot der Händler reicht von Kunst und Design über Secondhand-Mode, Vintage-Artikel und Antiquitäten bis hin zu Büchern und Schallplatten. **Zahlreiche Food-Trucks und Essensstände bieten leckere Drinks und Snacks zur Stärkung an.** Für mich gibt's am Wochenende nichts Schöneres, als sich mit einem kühlen Getränk irgendwo ans Wasser zu setzen und die einzigartige Atmosphäre zu genießen.

Hornstulls strand 4 | U-Bahn: Hornstull

LOW
$
BUDGET

Hier habe ich oft schon das eine oder andere coole Schnäppchen gemacht!

44. LAKRITZTASTING

Für Lakritzfans ist Schweden das Paradies auf Erden, denn die Schweden sind ganz verrückt nach dieser schwarzen Süßigkeit, die es in z.T. ziemlich originellen Geschmacksvariationen gibt – und die Kreativität der Lakritz-Designer kennt auch weiterhin keine Grenzen! Viele Lakritzgeschäfte bieten hunderte verschiedener Sorten an. Um herausfinden zu können, welcher „Lakritztyp" man ist, gibt's bei *Lakritsroten* die Gelegenheit, an einem professionellen „Lakritz-Tasting" teilzunehmen. Der international bekannte Händ-ler betreibt gleich mehrere Filialen in Stockholm, die dieses regelmäßig veranstalten. **Das Geschäft in Södermalm bietet die Lakritzprobe sogar in Kombination mit einer Weinverkostung an, in Norrmalm gibt's die Lakritzprobe ohne Wein.** Wer Lakritz liebt oder interessiert ist, sollte sich diese einmalige Gelegenheit nicht entgehen lassen – ob mit oder ohne Weinchen!

Hornsgatan 45 | U-Bahn: Mariatorget; Bus: Krukmakargatan | www.lakritsroten.se

TIPP
Die Södra Bar im
7. Stock des Södra
Teatern bietet dir
die beste Aussicht
über Stockholm und
beherbergt eine edle
Champagnerbar!

Gerade im Sommer liebe ich
diesen coolen Spot einfach!

45. MOSEBACKE TERRASSEN

Ein absoluter Szene-Treff, in dem man essen, Partys feiern und den tollen Blick über die Stockholmer City genießen kann. Die große Außenterrasse des Restaurants Mosebacke zählt nicht umsonst zu den schönsten Biergärten der Stadt. Wer das Glück hat, einen Platz direkt an der Mauer zu bekommen, kann den wunderbaren Blick über Stockholm aus erster Reihe genießen. Ein sympathisches, bunt gemischtes Publikum trifft sich hier in lässiger Atmosphäre, um die große Auswahl unterschiedlichster Biersorten zu testen und zu feiern. Im Sommer wird abends häufig Live-Musik gespielt und unter freiem Himmel getanzt. In den lauen, hellen schwedischen Sommernächten könnte ich hier ewig bleiben…

Sonntags wird ein riesiges „All-you-can-eat"-Brunchbuffet angeboten – da es sehr begehrt ist, unbedingt frühzeitig reservieren!

Mosebacke Torg 1-3 | U-Bahn: Slussen

BUCKET LIST
Mosebacke Terrasse

Du warst da?
Hier ist Platz für ein Foto.

Ich auf der Terrasse

Ein zufällig entdecktes Highlight ist Bergsprängergränd. Die kleine Siedlung mit ihren windschiefen, farbenfrohen Schwedenhäuschen liegt auf einem Hügel mitten in Södermalm – ein toller Foto-Hotspot und einfach ein magischer Ort, der dich sofort verzaubern wird.

46. KATHARINENVIERTEL & BERGSPRÄNGERGRÄND

Wenn du Stockholm mal von einer ganz anderen, nämlich seiner traditionellen Seite kennnenlernen möchtest, dann solltest du das Katharinenviertel im Norden von Södermalm besuchen. Das malerische Viertel mit seinen verwinkelten kopfsteingepflasterten Gassen rund um die Katarina Kyrka vermittelt eine gute Vorstellung davon, wie die Stadt früher einmal ausgesehen haben muss. Die prächtige Kirche ist historisch gesehen von großer Bedeutung und war u.a. Schauplatz der Stockholmer Hexenprozesse. Nicht verpassen solltest du die Mäster Mikaels Gata, die mit ihren kleinen bunten Holzhäusern die schönste Straße des Viertels ist und außerdem einen fantastischen Ausblick auf das Wasser und die Stadt bietet. **Ein absoluter Insta-Foto-Spot!**

Högbergsgatan 13a | U-Bahn: Medborgarplatsen

47. THE MILLENNIUM TOUR

Du bist Stieg-Larsson-Fan? Dann ist dieses kleine Abenteuer total etwas für dich. Denn die vom Stockholmer Stadtmuseum organisierte *Millenium Tour* (Englisch oder Schwedisch) führt dich auf den Spuren von Mikael Blomkvist an die originalen Schauplätze und Drehorte der Trilogie-Verfilmung. Tickets gibt's online, im Stadtmuseum, im Mittelaltermuseum oder im Visitor Center im Kulturhuset. Wer lieber auf eigene Faust losziehen möchte, kauft sich „The Millenium Map" (erhältlich bei KulturDirekt, the medieval museum, the Stadsarkivet, etc.) oder lädt sie sich online runter und stellt sich seine eigene Route zusammen. Auf der Karte ist alles Wichtige zum Thema eingezeichnet. Der Großteil der Tour führt duch Södermalm, es gibt aber auch ein paar Schauplätze in anderen Stadtteilen. **Für eingefleischte Fans und Hobby-Detektive ein tolles Erlebnis!**

Bellmansgatan 1 | U-Bahn: Slussen | www.stadsmuseet.stockholm.se | www.stieglarsson.com/millennium-stockholm-map

SÖDERMALM

In „Vergebung" joggt Kriminalinspektorin Monica Figuerola hier am Norr Mälarstrand.

48. TRÄDGÅRDEN/UNDER BRON

Die schwedischen Sommer sind etwas ganz Besonderes, denn in der warmen – und vor allem hellen! – Jahreszeit zieht es die Menschen in Scharen nach draußen in die vielen Cafés, Kneipen und Bars der Stadt. Einen der beliebtesten Sommer-Hotspots findest du ganz im Süden von Södermalm unter einer Autobahnbrücke. Im Outdoor-Club Trädgården – der im Winter in ein Gebäude umzieht und sich dann „Under Bron" nennt – trifft sich ein sympathisches, alternatives Publikum in ungezwungener Atmosphäre, um bei Live-Musik und auf DJ-Partys zu tanzen und zu feiern. Food-Trucks und ein Restaurant versorgen die Leute mit Snacks und Drinks, Theaterkünstler und Comedians sorgen für gute Unterhaltung. **Wer Lust hat, kann sich im Boulespielen versuchen – eine Bahn dafür gibt's auch.** Der Trädgården ist die perfekte Alternative zu den Nobel-Clubs im Zentrum und ein Besuch dort ist eine tolle Gelegenheit, sich unters einheimische Volk zu mischen und Leute kennen zu lernen.

Hammarby Slussväg 2 | U-Bahn: Skanstull

BUCKET LIST

Trädgården

Kreiere deinen perfekten Cocktail!

FOTO TIPP FOTO TIPP FOTO TIPP FOTO

Bei Regen und im Winter solltest du am besten feste Schuhe tragen, denn der Weg kann glatt und rutschig sein!

49. MONTELIUSVÄGEN

Aufgrund seiner erhöhten Lage bietet Södermalm in jede Himmelsrichtung fantastische Ausblicke. Wenn du am nördlichen Söder Malärstrand der Straße bergauf folgst, kommst du zum Monteliusvägen, einem spektakulären, rund 500 m langen Panoramaweg auf den Felsen hoch über dem Wasser. Die Aussicht von hier ist einfach atemberaubend! Der Weg ist gesäumt von charmanten Häusern auf der einen Seite und einer schönen Aussicht auf der anderen Seite. Der Blick schweift über die Skyline auf der gegenüberliegenden Uferseite, das Rathaus, Riddarholmen und über den Mälarsee. Mach es dir auf einer der vielen Bänke bequem und genieße die Ruhe – bei schönem Wetter kann man hier oben Stunden verbringen! **Beste Zeiten für Fotos: Sonnenaufgang und Sonnenuntergang.**

Bastugatan 26 | U-Bahn: Mariatorget

50. FOTOGRAFISKA MUSEET

Museum 2.0: Das Fotografiska versucht sich an einem erweiterten – wenn auch ein wenig kontroversen – Ausstellungskonzept, will Innovation fördern und die Foto-Community aus aller Welt zusammenbringen. Was dabei herauskommt sind spannende Sammlungen mit Werken von No Names bis hin zu den Topstars der Fotografie, immer wieder Neues und so noch nicht zusammen Gesehenes. Ein absolutes Must-see für alle Kunstinteressierten und Hobbyfotografen! Gelegentlich gibt es hier auch spezi-

elle Foto-Events und coole Vorträge. Das Museum ist in einem ehemaligen Industriegebäude am Wasser untergebracht, von dessen Park (Galärparken) aus man einen herrlichen Ausblick hat und das einen sofort selbst zur Kamera (oder wenigstens zum Smartphone) greifen lässt. **Und wenn der kleine Hunger kommt, hat das Fotografiska auch noch ein spitzenmäßiges Bio-Restaurant!**

Stadsgårdshamnen 22 | U-Bahn: Slussen, von dort ca. 8 Minuten Fußweg

SÖDERMALM

FOTO TIPP FOTO TIPP FOTO TIPP FOTO TIPP

Der rustikale Stil des Museums (altes Zollhaus) macht es zu einer richtig coolen Location am Wasser. Mit super spannenden & vielfältigen Ausstellungen ist es perfekt für Regentage!

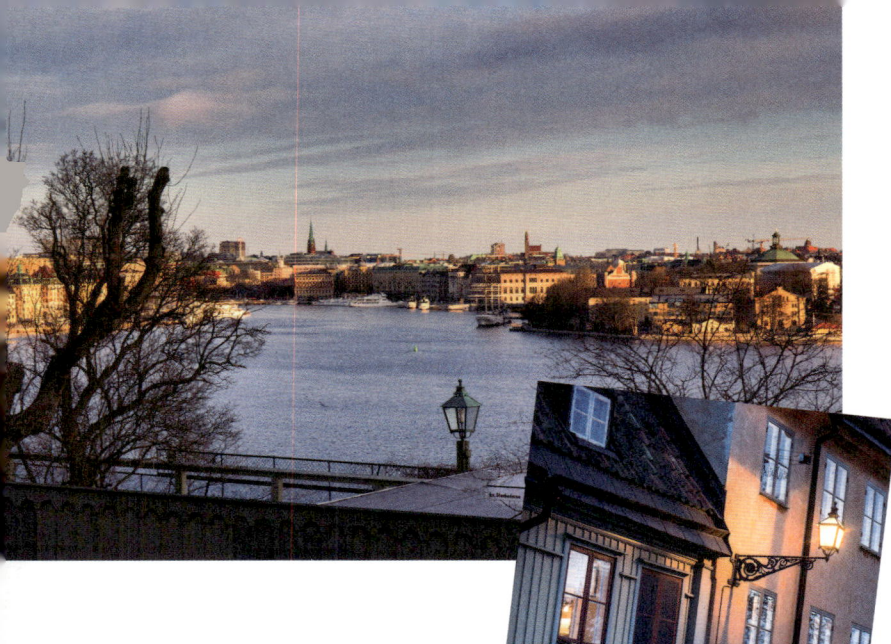

51. AUSSICHTSPLATZ FJÄLLGATAN

Wer Einheimische fragt, von wo aus man einen guten ersten Eindruck von Stockholm gewinnen kann, wird sicher u.a. auf den „Balkon" der Stadt verwiesen: die Fjällgatan. Und tatsächlich schaut man von dieser Straße, einer der schönsten vor Ort, auf die Altstadt, die Inseln Djurgården und Skeppsholmen und einige charakteristische Landmarken, etwa den Fernsehturm *Kaknästornet*. Perfekt für ein Selfie! Und falls das Wetter etwas „schwedentypischer" ist und sich nicht von seiner besten Seite zeigt, gibt es Cafés, hinter deren Fenstern einem der pfeifende Wind ganz egal sein kann. Achtung: Wer in die Straßen ringsum weiterziehen will, wo noch ein paar malerische Häuser

Wenn du eine Snackpause benötigst, besuche unbedingt das Fjällgatans Kaffestuga, um die Aussicht mit einem leckeren Eis zu genießen.

aus dem 18. und 19. Jh. darauf warten, fotografiert zu werden, sollte auf die High Heels verzichten – das Pflaster ist ziemlich uneben!

Fjällgatan 45 | U-Bahn: Slussen (grüne und rote Linie)

Mit einem kleinen Sekt und einer großen Portion Caramel Popcorn lassen sich die Blockbuster stilecht genießen!

52. VICTORIA

Die Füße sind schon lahm? Statt abends noch durch die Clubs zu ziehen, bietet sich dann ein Kinobesuch an. Das ideale Kino – auf Schwedisch *bio* – in Södermalm ist das Victoria an der Götgatan, Ecke Åsögatan. In acht Sälen werden hier aktuelle Blockbuster gezeigt. Da die Filme in Schweden anders als in Deutschland nicht synchronisiert, sondern nur mit Untertiteln versehen gezeigt werden, ist es kein Problem, wenn dein Schwedisch nicht ganz verhandlungssicher ist.

Mit ein bisschen Glück könntest du theoretisch sogar einen deutschsprachigen Film erwischen, sehr wahrscheinlich aber einen englischen. Besser nicht spontan vorbeikommen, sondern die Tickets im Voraus reservieren, denn die Stockholmer gehen gern ins Kino, sodass die Vorstellungen mitunter ausverkauft sind. Der angeschlossene Coffeeshop *Barista* sorgt unterdessen für das nötige Coffein, um nach einem langen Tag bis zum Filmende durchzuhalten!

Götgatan 67 | Bus: Åsögatan

53. SKYVIEW UND ERICSSON GLOBE

Ja, mit dem Außenaufzug SkyView erinnert der „Globen", wie ihn die Schweden nennen, entfernt an ein riesiges Hinterteil. Aber die 1989 eingeweihte Veranstaltungshalle, eine futuristische Kugel aus Stahl und Glas, ist ein beeindruckender Bau. Er fasst über 16 000 Besucher und war bis 2012 die Event-Location schlechthin in Stockholm (dann löste ihn die Friends Arena in Solna als wichtigste Veranstaltungsstätte ab). Hier traten Stars wie Beyoncé und die Rolling Stones auf, aber auch der Eurovision Song Contest wurde 2016 hier veran-

staltet. Eine Fahrt mit dem gläsernen Aufzug die Fassade hinauf ist ein fantastisches Erlebnis: Man steigt in eine der beiden Gondeln und genießt den weiten Blick während der Fahrt hinauf und hinunter (insg. 20 Min.; unbedingt die Kamera zücken!). **Mit dem Stockholm-Pass ist die Fahrt sogar kostenlos.** Der Haken: Wer den Pass benutzt, kann die Fahrt nicht vorreservieren. Und das empfiehlt sich, denn die meisten anderen Besucher tun das auch, sodass es hier zwar keine Warteschlangen, aber mitunter trotzdem stundenlange Wartezeiten gibt!

Globentorget 2 | U-Bahn: Hagsätra Globen

FOTO TIPP FOTO TIPP FOTO TIPP FOTO TIPP FOTO

Nicht nur ein tolles Gebäude, um von dort Fotos von der atemberaubenden Skyline zu schießen, sondern auch der Globe selbst ist spacig-fotogen.

Ich liebe diesen genialen Aussichts-punkt! Besonders im Sommer ist es super cool hier an DEM Sunset-Spot schlechthin. Hier treffe ich mich total gern mit Freunden auf einen Drink

PARKS

54. SKINNARVIKSPARKEN

Ein perfekter Ort zum Träumen und Entspannen! Die wunderschöne Park-anlage auf den Klippen von Söder-malm ist der höchste natürliche Aus-sichtspunkt Stockholms und bietet traumhafte Ausblicke auf Gamla Stan und das Rathaus sowie auf die Insel Kungsholmen und den Mälarsee. Viele Einheimische kommen in den hellen Sommermonaten gern hierher, um sich zum Picknick in der Abend-sonne oder auf ein Feierabendbier mit Freunden zu treffen. Auch als Hot-spot für fabelhafte Sonnenuntergänge ist der Skinnarviksparken bekannt – und mit etwas Glück kannst du nach einem Sommergewitter von hier oben einen leuchtenden Regenbogen sehen, der die ganze Stadt überspannt. **Im südlichen Teil des Parks bietet ein kleines Open-Air-Café an schö-nen Tagen leichte Snacks, Eis und Getränke an.**

Skinnarbacken | U-Bahn: Zinkensdamm

BUCKET LIST

Skinnarviksparken

Lass deinen Gedanken freien Lauf...
Dichte etwas, zeichne das tolle Panorama oder male die Wolken ab.

Richtig schöne alte Möbel kombiniert mit coolen Marmortischen machen diesen gemütlichen Italiener perfekt für Insta-Stories und ein tolles Abendessen.

ESSEN & TRINKEN

55. PRIMO CIAO CIAO

Backstein und Holz, Leder und Marmor prägen das Flair dieses italienischen Kettenrestaurants – gemütlich, aber doch auch schick. Ich komme hier total gern her, um Pizza und *tagliatelle ragu alla moment* sowie ein Weinchen aus dem sehr guten Weinsortiment zu genießen. Großes Plus ist die Gratis-Focaccia mit Olivenöl als Starter. Keinen Tisch reserviert? Macht nichts! Denn das Lokal ist zweigeteilt: Neben dem Bereich mit Bedienung am Tisch gibt es einen Selbstbedienungsbereich mit Plätzen im Innenraum und draußen. Da lässt sich oft noch ein Stuhl ergattern.

Bondegatan 44 | Busse: Åsogatan | www.primociaociao.com | @primoofficial

56. MELANDERS

Die Söderhallarna haben sich zu einem Gastro-Mekka gemausert. Zu den dortigen Restaurants gehört auch das Melanders, ein Geheimtipp unter den Fischliebhabern. Wer donnerstags zwischen 16 und 19.30 Uhr in der Gegend ist, kann sich zum Festpreis am All-you-can-eat-Krabben-Büfett bedienen; Käse, Ei, Dressings und frisches Brot gibt's dazu. Edler noch sind die Menüs, die im skandinavisch schlichten Sitzbereich serviert werden. Achtung: Das Lokal ist nur dienstags, mittwochs und freitags (jeweils bis 19 Uhr) sowie donnerstags (bis 20 Uhr) abends geöffnet! Wer zu spät kommt, geht leer aus!

Söderhallarna 3 | Bus: Åsogatan | www.melanders.se | @melanders.fisk

57. BABEL BAZAAR

Schwedische Qualität meets orientalische Aromen – wenn das nicht eine spannende Kombination ist! Auf den Tisch kommen eher günstige, kleine Gerichte, etwa Falafel oder gefüllte Weinblätter, natürlich alle aus Bio-Zutaten. Auch in Sachen Einrichtung vereint das Babel Bazaar verschiedene Welten: Die nordisch kühlen gefliesten Wände wurden mit türkisfarbenen Akzenten aufgepeppt, und die Stühle sorgen für knallbunte Farbtupfer. Ein echter Insta-Spot! Auch schön ist der Ableger Babel Deli in Norrmalm.

Längholmsgatan 27 | U-Bahn: Hornstull | www.babelbazaar.se | @babelbazaar

58. BAROBAO

„Es gibt keine Worte, um das Barobao zu beschreiben! Ja, das ist ein bisschen beunruhigend." Wenn ein Restaurant mit solchen Sätzen für sich wirbt, hilft nur eines: hingehen und ausprobieren! Hier treffen Hipsterbärte und Tattoos auf Vintage und Garküchenflair (super Foto-Spot!). Die Baos, gefüllte chinesisch-vietna-

All-you-can-eat bei Melanders

mesische Teigtäschchen, sind kleine Kunstwerke, verziert mit Kräutern, Blüten und spektakulär geschnittenem Gemüse. Die Stockholmer lieben sie heiß und innig, und das ist ja immer ein gutes Zeichen.

Hornsgatan 66 | U-Bahn: Hornstull | www.barobao.com | @barobao

59. KALF & HANSEN

Die gute, alte Frikadelle steht in diesem modernen Fastfood-Lokal im Mittelpunkt – neu interpretiert natürlich, aus Fisch, Fleisch oder auch vegan. Die Betreiber legen sehr viel Wert auf nachhaltig und umweltschonend produzierte Zutaten, sodass du dich ohne schlechtes Gewissen einmal die Karte rauf- und runteressen

kannst. Wie wäre es beispielsweise mit einem Wrap mit Frikadelle nach Wahl, Apfel-Chutney, Bio-Mayo und weißem Kohl plus einem frischen Smoothie? Alle Gerichte sind auch gluten- und laktosefrei zu haben. Perfekt!

Mariatorget 2 | U-Bahn: Mariatorget | www.kalfochhansen.se | @kalfhansen

60. URBAN DELI NYTORGET

Wer es lässig mag, wird das Urban Deli Nytorget lieben: Es ist eine spannende Kombination aus nüchtern-modernem Restaurant, Bio-Laden, Markthalle und Delikatessengeschäft. Bevor man abends rund um Nytorget um die Häuser zieht, kann man hier einkehren und eine solide kulinarische Grundlage schaffen. Es gibt bunte Salate, aber auch Austern oder Grillplatten mit der Fleischauswahl des Tages. Kein Wunder, dass der Laden immer brummt! Zuweilen muss man daher mit etwas Wartezeit rechnen. Es gibt aber noch weitere Filialen (z. B. Sveavägen 44).

Nytorget 4 | U-Bahn: Medborgarplatsen; Åsögatan | www.urbandeli.org | @urbandelinytorget

61. MAHALO

Bunt – bunter – Mahalo! Das kleine, aber feine Restaurant zählt zu Stockholms Top-Adressen in puncto vegane Küche. Von außen eher unscheinbar, überzeugt das Mahalo drinnen umso mehr mit einem außergewöhnlichen Style und purer Gemütlichkeit. Kakteen und Sukkulenten, wohin man schaut, Stoffe in coolen Farben und vor allem: das bunteste Essen, das du dir nur vorstellen kannst! Meine Lieblingsgerichte im Mahalo: ofengebackenes Bananenbrot, Chia-Pudding oder die unfassbar leckeren Süßkartoffelpommes! Die Auswahl ist riesengroß. Besonders beliebt ist das außergewöhnliche Frühstücksangebot mit frischen Früchten, Bowls und anderen Köstlichkeiten, es gibt aber auch gute Smoothies, Brotaufstriche, vegane Burger und noch vieles mehr – alles frisch und mit viel Liebe zum Detail zubereitet!

Hornsgatan 61 | U-Bahn: Mariatorget oder Zinkensdamm | www.mahalosthlm.se | @mahalosthlm

62. KOH PHANGAN

Willkommen in Thailand! Die Einrichtung dieses originellen Lokals mit Bambustischen, bunten Möbeln und blinkenden Lichterketten versetzt jeden sofort in Urlaubsstimmung. Dass das Essen der Hammer ist, lässt sich schon beim Anblick der Wartenden draußen am Eingang erahnen, die sich geduldig in die Schlange stellen, um einen freien Tisch zu ergattern. Wer's geschafft hat, wird mit köstlicher authentischer Thai-Küche, leckeren Cocktails und einer lässigen Atmosphäre mit Thai-Pop-Untermalung und Grillen-Gezirpe belohnt.

Skånegatan 57 | U-Bahn: Medborgarplatsen | www.KohPhangan.se | @kohphangan.stockholm

SÖDERMALM

Rushhour im Urban Deli Nytorget

63. MEATBALLS FOR THE PEOPLE

Was fällt jedem als Erstes ein, wenn von *dem* schwedischen Nationalgericht die Rede ist? Genau: *Köttbullar*! Im Kult-Restaurant „Meatballs for the people" dreht sich alles um diese köstlichen kleinen Fleischklößchen, und deshalb gibt es sie hier in allen nur erdenklichen Variationen – selbst Vegetarier gehen nicht leer aus! Serviert werden die *Köttbullar* entweder ganz klassisch mit Kartoffelbrei und Preiselbeeren oder auch modern interpretiert, z.B. mit Bulgur und Tahinsauce. Wer also Lust auf richtig gute, original schwedische Hausmannskost hat, der findet hier eine perfekte Location.

Nytorgsgatan 30 | U-Bahn: Medborgarplatsen; Bus: Nytorgsgatan | www.meatball.se | @meatballsforthepeople

64. PARADISET

Verantwortungsbewusst mit natürlichen Ressourcen umzugehen und Lebensmittel zu produzieren, die frei von schädlichen Zusatzstoffen sind, haben sich die Mitarbeiter dieses riesigen Bioladens auf die Fahne geschrieben – und damit die Zeichen der Zeit erkannt: Die Stockholmer lieben das Paradiset, und auch du wirst die große Auswahl lieben! Hier kann man aber nicht nur mit grünem Gewissen einkaufen, sondern sich auch einen Snack gönnen: Im Food-Court sind frisches Brot, Pizza und anderes Street-Food erhältlich. Ein toller Mix aus Markthalle und Bistro.

Brännkyrkagatan 62–64 | U-Bahn: Mariatorget | www.paradiset.com | @paradisetmatmarknad

Super cool und super lecker! Ich liebe diesen Laden …

BUCKET LIST
Meatballs for the people

LECKERSTE KÖTTBULLAR

NAME OF LOCATION AND DISH	RATING
	☆ ☆ ☆ ☆ ☆
	☆ ☆ ☆ ☆ ☆
	☆ ☆ ☆ ☆ ☆
	☆ ☆ ☆ ☆ ☆
	☆ ☆ ☆ ☆ ☆
	☆ ☆ ☆ ☆ ☆
	☆ ☆ ☆ ☆ ☆
	☆ ☆ ☆ ☆ ☆

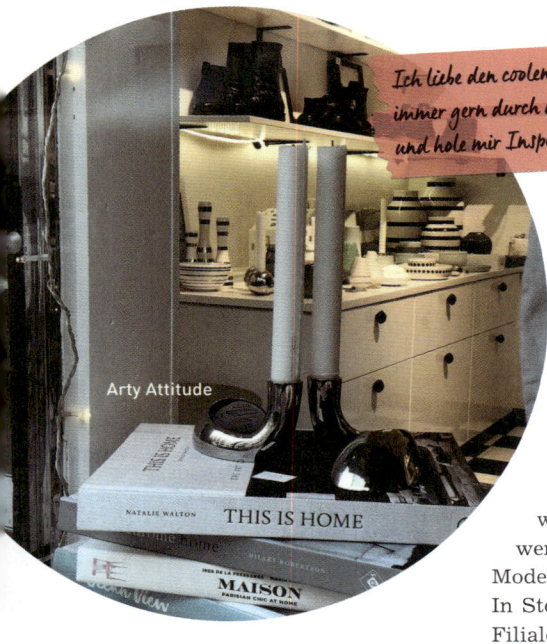

Ich liebe den coolen Scandi-Style, stöbere immer gern durch die vielen Interieur-Läden und hole mir Inspirationen für zuhause!

Arty Attitude

66. FACE STOCKHOLM

Die mit rein pflanzlichen Inhaltsstoffen hergestellten, sehr hochwertigen Make-up- und Hautpflegeprodukte der schwedischen Linie „Face Stockholm" haben sich inzwischen weltweit einen Namen gemacht und werden auch in der internationalen Modelszene geschätzt und genutzt. In Stockholm gibt es gleich mehrere Filialen des Kosmetik-Labels.

Götgatan 24 | U-Bahn: Slussen

SHOPPING

65. ARTY ATTITUDE & SÖDERS RETRO

Wer sich für Einrichtung im Scandi-Look begeistert, sollte unbedingt in diesen Interior Design Shops vorbeischauen. Hier kannst du nach Herzenslust stöbern und dich von Kunst und Keramik, echten Design-Klassikern, Lampen und Möbeln, coolen Vintage-Artikeln und raffinierten Deko-Ideen inspirieren lassen und dir neue Ideen und Anregungen für dein Zuhause holen.

Bondegatan 44 | Bus: Bondegatan

67. GÖTGATAN

Wer Lust auf einen ausgiebigen Bummel durch die Geschäfte hat, geht am besten in die Götgatan, die beliebte Fußgängerzone Södermalms und zugleich die pulsierende Lebensader des Bezirks. Hier gibt es viele kleine, individuelle Läden, ausgefallene Boutiquen, gemütliche Bars und hübsche Cafés an jeder Ecke. Dem Mainstream wirst du hier kaum begegnen dafür vielen neuen Mode-Trends.

Götgatan 72 | U-Bahn: Medborgarplatsen; Bus: Åsögatan

STOCKHOLM
Östermalm

Wer Noblesse und Nachtleben schätzt, wird Östermalm lieben. Unter Linden spaziert die Schickeria über den Strandvägen, am Stureplan wird mit Stil geshoppt und wild gefeiert. Noch mehr Genüsse warten z. B. in der Markthalle, wo man in Köstlichkeiten schwelgt. Ein Ausflug in den Schärengarten lockt mit Entspannung und Natur. Schnell wird klar: Stockholm verzaubert zu Lande wie zu Wasser!

ERLEBNIS HIGHLIGHTS

ÖSTERMALM

> **INSELHOPPING IM SCHÄRENGARTEN**

> **SEIN SCHAUSPIELTALENT AUSPROBIEREN**

> **SICH AM „SVAMPEN" VERABREDEN**

> **WINDOW-SHOPPING IN DER STUREGALLERIAN**

> ....

> ....

> ....

Hier leben, shoppen und feiern die Reichen und die Schönen.

Östermalm

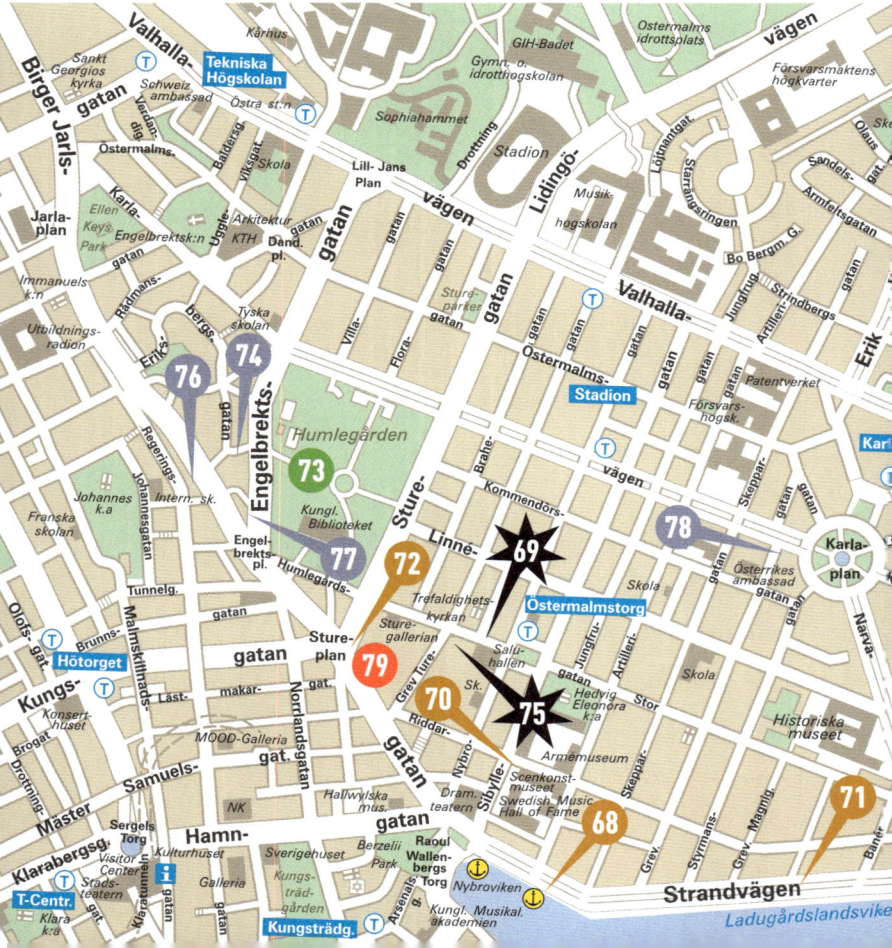

SEHENSWERTES

- **69** BOOTSTOUR IN DEN SCHÄRENGARTEN
- ✶ ÖSTERMALMS SALUHALL
- **70** SCENKONSTMUSEET
- **71** STRANDVÄGEN
- **72** STUREPLAN

PARKS

- **73** HUMLEGÅRDEN

ESSEN & TRINKEN

- **74** CAFÉ SATURNUS
- ✶ FABRIQUE STENUGNSBAGERI
- **76** BAR CENTRAL
- **77** ALBERT & JACK'S
- **78** BROMS

SHOPPING

- **79** STUREGALLERIAN

SEHENSWERTES

68. BOOTSTOUR IN DEN SCHÄRENGARTEN

Inselglück auf Schwedisch! Sightseeing ist wunderbar, aber ab und an möchte man sich einfach mal treiben lassen – bei einer Bootstour in den Schärengarten kann man das buchstäblich. Also rauf aufs Boot: Rund 30 000 kleine und große Inseln verzaubern Einheimische und Urlauber mit relaxtem Flair, glitzerndem Wasser, kargen Felsen und jeder Menge Natur. Stockholms 14 Inseln lassen sich dabei prima erkunden und auf der Fahrt fühlt man sich wie in einer Geschichte aus Büllerbü.

Mit den Pendelbooten der SL-Fährlinie Richtung Nacka lässt sich das nahe Inselparadies nach Lust und Laune erkunden – perfekt fürs Inselhopping! Wer weiter in den Schärengarten vordringen will, hat die Qual der Wahl: **Man macht sich z. B. nach Sandhamn auf, wo echte Schweden-**

FOTO TIPP FOTO TIPP FOTO TIPP FOTO TIPP FOTO

Auf dem Wasser bieten sich natürlich zahlreiche tolle Foto-Motive, aber am schönsten ist es wohl bei Sonnenuntergang. Dann ist das Licht einfach perfekt!

ÖSTERMALM

idylle wartet. Bunte Häuschen bilden fröhliche Farbtupfer (Kamera zücken!), in den Cafés tummelt sich der Jetset (und dessen amüsierte Beobachter), die Jachten strahlen um die Wette. Ihr habt euch daran satt gesehen? Dann nehmt den Weg durch Kiefernwald und Blaubeerfelder zum Strand Trouville. Dort heißt es: Füße in den Sand stecken und die Gunst des Augenblicks genießen… **Schärenfeeling für Eilige gibt's dagegen auf** **der 25 Minuten entfernten Insel Fjäderholmen,** wo man bei Krabben und einem Weinchen den einmaligen Sonnenuntergang bewundern kann.

Bei jedem meiner Stockholm Besuche fahre ich mindestens einmal raus in die Schären, um diese einmalige Natur zu genießen und immer wieder neue Foto-Locations zu entdecken!

Strandvägen 8 | SL-Boote (Linie 80): ab Nybrokajen/Nybroplan; nach Sandhamn: Ausflugsboote ab Nyproplan

69. ÖSTERMALMS SALUHALL (MARKTHALLE)

Kulinarik in stilvollem Ambiente, mal köstlich, mal kurios – oder habt ihr schon mal Elch- oder gar Bärenwurst probiert? Mutige Entdecker probieren vielleicht davon, aber auch wer Bären lieber anschaut statt sie zu essen, wird hier in Sachen Gaumenfreuden garantiert fündig! An den Verkaufsständen locken unzählige Genüsse: Fisch, Meeresfrüchte, Obst, Gemüse und vieles mehr – alles vom Feinsten, versteht sich. Ein bisschen mehr als nur Klein-

geld sollte also schon mitbringen, wer sich die eine oder andere Kleinigkeit gönnen möchte. **Aber nicht nur die Köstlichkeiten, auch die prachtvolle Markthalle selbst macht einiges her.** Der Gourmettempel wurde bereits 1888 errichtet und beeindruckt bis heute mit seiner Backsteinarchitektur und den hübschen Gusseisenkonstruktionen.

Östermalmstorg | U-Bahn: Östermalmstorg

BUCKET LIST
Östermalms Saluhall

Du warst da?
Hier ist Platz für ein Foto.

Ich in der Saluhall

70. SCENKONSTMUSEET

Du träumst vom ganz großen Auftritt?
Zugegeben, es ist nicht gerade das
Wiener Burgtheater, aber Spaß macht
dieses interaktive Museum auf jeden
Fall – denn hier kann man sich ausprobieren und sein Schauspiel-, Tanz-
oder Musiktalent unter Beweis stellen. Ganz nebenbei taucht man in die
Welt historischer, aber auch moderner
Bühnenkunst ein, erfährt z.B., was
ein Kostümbildner macht, wie viel
harte Arbeit Darsteller in ihre Kunst
investieren müssen und wie Theater
funktioniert. Kurzum: ein spannen-
der, fantasiereicher und interaktiver
Blick hinter die Kulissen für Besucher
mit und ohne Star-Allüren. **Gerade
für Regentage perfekt!**

Sibyllegatan 2 | U-Bahn: Östermalmstorg; Bus:
Nybroplan

71. STRANDVÄGEN

Akkurat geschnittene Lindenbäume
schmücken Östermalms Prachtbou-
levard Strandvägen am Wasser. Hier
mischen sich elegant gekleidete Einheimische, unternehmungslustige
Ausflügler und vornehme Flaneure
zu einem bunten Völkchen, das für
viel Trubel sorgt. Da schaut man gern
zu – vielleicht gleich morgens, wenn
die Schärenboote an- und ablegen?

ÖSTERMALM

Und dann locken da ja noch die vielen kleinen Cafés und Restaurants. Sucht euch also ein schönes Plätzchen, um euch für neue Entdeckungen zu stärken, oder flaniert an den tollen Villen mit Blick auf's Wasser vorbei und kommt ins Träumen. Übrigens: Einst war diese Gegend recht heruntergekommen und verfallene Häuser bestimmten das Bild. Dann nahte die schwedische Industrieausstellung 1897, und seitdem wurde kräftig investiert. Prunkvolle Villen entstanden und das Areal veränderte sein Gesicht; heute kann man in Stockholm kaum teurer wohnen als hier. **Solange das große Geld noch auf sich warten lässt, begnügt man sich eben mit einem ausgedehnten Spaziergang.**

Strandvägen | U-Bahn: Östermalmstorg; Bus: Nybroplan

Der Stureplan zählt inzwischen übrigens zu den angesagtesten Nachtclub-Revieren in ganz Europa.

72. STUREPLAN

Wir treffen uns „unter dem Pilz" (dem „Svampen") – wenn Stockholmer sich so verabreden, haben sie wahrscheinlich vor, die Nacht zum Tag zu machen. Und wo ginge das edler und zugleich hipper als auf Stockholms Stureplan? Der Platz und seine Umgebung sind fest in den Händen der Schickeria, die die exquisiten Geschäfte, teuren Boutiquen und exklusiven Restaurants bevölkert. Auch manche Stockholmer VIPs lassen sich hier gern mal blicken, genauso wie die Schönen und Reichen. Am besten, ihr werft euch in Schale und stürzt euch ins Getümmel.

Abends steht natürlich Feiern auf dem Programm, dann herrscht in den angesagten Bars und Nachtclubs bis zum frühen Morgen Partystimmung. Nach einer durchtanzten Nacht steht dir der Sinn nach einer Portion Wellness und Ruhe? Dann auf ins altehrwürdige, schmucke Sturebadet am Stureplan! **Im Day Spa kannst du in atemberaubenden Räumlichkeiten frische Energie tanken und dich in Tagträumen verlieren.** Was will man mehr?

Stureplan 2 | Bus: Stureplan

PARK

73. HUMLEGÅRDEN

In den Humlegården, den „Hopfen-garten", kommen die Stockholmer, um sich mittags die Beine zu vertreten, einen Kaffee zu trinken, die Hunde auszuführen oder einfach, um die Sonne zu genießen. Einst ein könig-licher Park mit Gemüse-, Gewürz- und Hopfenanbau (daher der Name!) wurde er 1869 für die Öffentlichkeit freigegeben. Inmitten von Spazier-gängern und Skateboardern wacht wie ein ruhender Pol Carl von Linné, der berühmte Naturforscher, über den hübschen Park unweit des quirligen Stureplan. Nach all dem Trubel tut ein Päuschen im Grünen einfach gut – und der steinerne Botaniker heißt auch müde Shopping Queens und Kings willkommen.

U-Bahn: Östermalmstorg

Am besten holst du dir auf dem Stureplan um die Ecke einen leckeren Snack und isst ihn hier entspannt in der Sonne!

ÖSTERMALM

ESSEN & TRINKEN

74. CAFÉ SATURNUS

Kanelbulle gefällig? In diesem kleinen französischen Café mit der retromäßig gestreiften Wand gibt's angeblich die größten der ganzen Stadt. Und da es guter schwedischer Brauch ist, erst eine dieser Zimtschnecken zu essen, bevor man sich über Torte hermachen darf, hat man hier ganz schön zu tun! Und doch können die meisten Gäste auch der einen oder anderen der vielen weiteren leckeren Kalorienbomben dieser Patisserie nicht widerstehen, wenn sie sich erst einmal auf den klassischen Bistrostühlen niedergelassen haben.

Eriksbergsgatan 6 | U-Bahn: Östermalmstorg; Bus: Eriksbergsgatan | www.cafesaturnus.se | @cafe_saturnus

75. FABRIQUE STENUGNS-BAGERI

Und weiter geht's mit Zimtschnecken… Goldbraun stapeln sich diese, die meiner Meinung nach zu den besten in ganz Stockholm gehören, in der Auslage. Einfach unwiderstehlich! Aber auch die anderen Backwaren, etwa Sauerteigbrot, Kuchen und – mein Geheimtipp! – Blaubeerbrötchen, sind einfach unfassbar lecker. Das Fabrique ist eine Bäckereikette, was bedeutet, dass es hier etwas weniger individuell zugeht als in den kleinen, unabhängigen Läden, doch die Backwaren werden nach traditionellen Rezepten hergestellt. In den größeren Filialen ist die Einrichtung im coolen Industrie-Stil gehalten.

Humlegårdsgatan 9 | Bus: Östermalmstorg | www.fabrique.se | @fabriquestenugnsbageri

BUCKET LIST

Fabrique Stenugnsbageri

Semlor, Lussekatt oder Kanelbulle?
Hier ist Platz für dein Traumgebäck.

77. ALBERT & JACK'S BAKERY AND DELI

Zeit für ein Päuschen? Dann ab zu diesem Deli, einem kleinen, aber feinen Lädchen am Rand der Altstadt. Inmitten von Einheimischen kannst du dich hier mit einem saftigen Wrap, einem üppig belegten Brötchen oder einem Salat stärken. Dazu gibt's einen frischen Smoothie oder einen Cappuccino. Tipp: Der Energie-Shot mit Kurkuma, Ingwer und Schwarzem Pfeffer könnte Tote zum Leben erwecken oder dich von einem Kater befreien! Wenn die Sonne scheint, kannst du dich auch draußen in einen der Liegestühle fallen und das Stadtleben an dir vorbeiziehen lassen.

Engelbrektsgatan 3 | Bus: Humlegården | www.albertjack.se | @albertjacks

78. BROMS

Müsli, hausgemachte Marmeladen, Joghurt, Obstsalat, pochierte Eier, Bowls, Chiapudding – das Frühstück im Broms ist kaum zu toppen. Dazu einen doppelten Espresso (der normale Kaffe ist Filterkaffee – wer den nicht mag, hält sich besser an die kleinen Wachmacher), und der Tag kann beginnen! Aber auch mittags und abends ist das coole und modern eingerichtete Bistro einen Besuch wert. Alle Gerichte können übrigens vor Ort genossen oder mitgenommen werden.

Karlavägen 76 | Bus: Skeppargatan | www.bromskarlaplan.se/en | @bromskarlaplan

76. BAR CENTRAL

So stylish isst man selten: Im Speisebereich dieses Restaurants dominieren dunkle Grüntöne – das Dekor ist skandinavisch-schick und modern, in der Bar hingegen herrscht elegantes Rot vor. Passend dazu kommen schlichte, aber hervorragend zubereitete Gerichte auf die Tische, etwa Schweinshaxen mit Knödeln und Kraut. Durch die großen Fenster nach draußen zu schauen lohnt sich aber auch, denn das Lokal liegt an der Birger Jarlsgatan, einer belebten Straße mit Cafés, Läden und Kinos in der Innenstadt. Kamera zücken – denn urbaner als in diesem coolen Insta-Spot geht es kaum!

Birger Jarlsgatan 41 | Bus: Eriksbergsgatan | www.barcentral.se | @barcentralbirgerjarlsgatana

SHOPPING

79. STUREGALLERIAN

Etwa 50 elegante, hochpreisige Geschäfte reihen sich in dieser gläsernen Einkaufspassage aneinander – hier einzukaufen muss man sich leisten können. Ein bisschen Window-Shopping ist aber in jedem Fall drin, und überhaupt ist der größte Spaß ja eigentlich, die Reichen und Schönen mit ihren schicken Einkaufstüten zu beobachten. Da trifft es sich gut, dass es hier auch viele Cafés gibt, in denen man einen Späherposten beziehen kann! Wer doch ein bisschen Geld ausgeben möchte, sollte beim *Matmarknad* vorbeischauen, wo frischer Fisch, edle Fertiggerichte und Gemüse, Brot und Käse aus der Region verkauft werden. Gläschen Sekt gefällig?

Stureplan 4 | U-Bahn: Östermalmstorg; Bus: Stureplan

ÖSTERMALM

STOCKHOLM
Djurgården

Wälder, Wiesen und Wasser, Blätterrauschen und Vogelgezwitscher – die Natur selbst ist das Highlight auf der Insel Djurgården. Die Einheimischen kommen zum Picknicken, Joggen und Spazierengehen hierher und genießen die Ruhe abseits des Großstadttrubels, aber doch ganz nah an der Innenstadt. Wer ein bisschen Anregung braucht, wird in berühmten Museen fündig oder besucht einen der Freizeitparks.

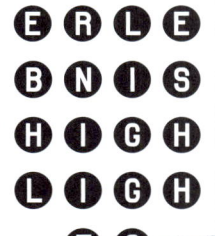

ERLEBNIS HIGHLIGHTS DJURGÅRDEN

> **DIE GOLDKRONE IN SZENE SETZEN**

> **DIE *VASA* BESUCHEN**

> **ZEITREISE IN SKANSEN**

> **MIT *ABBA* SINGEN**

> ....

> ....

> ....

Idyll abseits des Großstadttrubels – das ist Djurgården!

Djurgården

SEHENSWERTES

- ⭐ **80** FAHRRADTOUR ÜBER DJURGÅRDEN
- **81** SKEPPSHOLMSBRON
- **82** VASAMUSEET
- ⭐ **83** SKANSEN
- **84** GRÖNA LUND
- **85** SPRITMUSEUM
- **86** ABBA MUSEUM

PARKS

- **87** EKOPARKEN

ESSEN & TRINKEN

- **88** CAFÉ SKROTEN
- **89** ROSENDALS TRÄDGÅRD
- **90** OAXEN SLIP

Fahrradleihstation auf der Insel Djurgården – es gibt viel zu entdecken ...

FOTO TIPP FOTO TIPP FOTO TIPP FOTO

Am Eingang des Lusthusportens Park gibt es ein riesiges marina-blaues Tor (Blå Porten), das zu einem kleinen Foto-Shooting einlädt.

SEHENSWERTES

80. FAHRRADTOUR ÜBER DJURGÅRDEN

Stockholm ist heute wahrscheinlich die einzige Großstadt mit einem so großen Nationalpark in der Innenstadt! Viel Grün, idyllische, aber gut ausgebaute und beschilderte Wege, nur wenige kleine Steigungen – Djurgården ist wie dafür gemacht, mit dem Fahrrad erkundet zu werden. Ich liebe es, mit dem Bike gemütlich überall lang zu fahren, hier und da anzuhalten und ein Picknick zu machen. **Ein Highlight: Gelegentlich lassen sich am Wegesrand sogar Wildtiere blicken!** Wer mag, kann bis Blockhusudden radeln, zur Ostspitze der Insel. Die Bikes dazu kann man sich beispielsweise an der Brücke bei *Djurgårdsbrons Sjöcafé* ausleihen, stundenweise oder für den ganzen Tag. Die Reifen aufpumpen und den Sattel einstellen muss man allerdings selbst ...

Galärvarvsvägen 2 | Bus: Djurgårdsbron; Straßenbahn: Djurgårdsbron

BUCKET LIST

Fahrradtour

Du bist unserem Tipp gefolgt?
Hier ist Platz für ein Foto.

*Ich auf meiner Tour
über Djurgården*

FOTO TIPP FOTO TIPP FOTO TIPP FOTO TIPP

Übrigens: Kurz vor der Brücke, noch auf dem Festland, gibt es eine Aussichtsplattform, die ebenfalls einen herrlichen Blick auf den Hafen bietet!

81. SKEPPSHOLMSBRON

Das perfekte Stockholm-Foto gelingt dir auf der Skeppsholmsbron, der 165 m langen Eisenbrücke aus dem Jahr 1861 zwischen Blasieholmen und der kleinen Insel Skeppsholmen. Von hier aus hast du einen traumhaften Postkarten-Blick übers Wasser auf die Gamla Stan mit ihren märchenhaften Häuschen und hübschen Botten davor. Das Beste aber ist die große, goldfarbene Kronenskulptur in der Mitte der fünfbogigen Brücke: Hier lassen sich Bilder aus fantastischen Perspektiven schießen. **Besonders schön ist es, wenn die Sonne tief steht und nicht nur die Krone selbst, sondern auch die Boote und die Stadtszenerie dahinter in warmes Licht getaucht sind, oder aber wenn abends die ersten Lichter die Gebäude erhellen.** Bei Sonnenuntergang einfach ein Traum!

Skeppsholmsbron | Bus: Nationalmuseum

82. VASAMUSEET

Ja, imponierend ist es schon, das Kriesschiff *Vasa*, welches Gustav II. Adolf als Prestigeobjekt bauen ließ. Stattliche 69 m lang, mit 64 Kanonen schwer bewaffnet und mit 300 Soldaten besetzt hätte sie den Feind Polen im Dreißigjährigen Krieg wohl beeindrucken und die schwedische Vormachtstellung in der Ostsee sichern können – wenn da nicht dieser verheerende Konstruktionsfehler gewesen wäre! Das Schiff geriet nämlich auf seiner Jungfernfahrt 1628 noch im Hafenbecken in Schieflage, kenterte und sank nach nur 20 Minuten. Mehr als 300 Jahre später barg man das gute Stück und mit ihm eine Menge Zubehör wie Waffen, Münzen usw. Angesichts dieser epischen Geschichte ist es kein Wunder, dass das Vasamuseet, wo sich das sorgsam restaurierte Schiff heute befindet, das meistbesuchte Museum Skandinaviens ist. **Mithilfe des deutschsprachigen Audioguides kannst du es auf eigene Faust erkunden und erfährst spannende Details zur Bergung der „alten Dame".** Oder du nimmst an der 25-minütigen Führung teil (auch auf Deutsch) bei der du ebenfalls alles zum Bau, zur Geschichte und zum Leben an Bord erfährst. Frostbeulen sollten allerdings auch im Sommer einen warmen Pullover mitbringen; im Museum herrschen wegen der Konservierung des Holzes kühle 18 °C!

Galärvarvsvägen 14 | Station: Nordiska Museet/ Vasamuseet | www.vasamuseet.se

Sehr beeindruckend selbst für Leute, die sonst nur wenig für die Schifffahrt übrig haben!

83. SKANSEN

Wie eine Zeitreise fühlt sich ein Besuch in Skansen an: Im ersten Freilichtmuseum der Welt, gegründet 1891, kann man alte Herrenhöfe und Hütten aus ganz Schweden besichtigen, die an ihrem ursprünglichen Standort vorsichtig abgetragen und hier in einem riesigen Park voller Bäume und duftender Blumen wieder aufgebaut wurden. „Schweden in Miniatur" also! Die Anlage ist als lebendiges Museum konzipiert, und so gibt es hier traditionelle Werkstätten, in denen man den Handwerkern über die Schulter schauen kann, es wird altertümliche Musik gespielt und Frauen in traditionellen Kostümen bereiten leckeres Essen zu. Auch die nordische Tierwelt ist hier vertreten; Bären, Rentiere, Wölfe und Luchse leben in Skansen genauso wie Elche (!). **Wer im Mai oder Juni kommt, wenn die Vierbeiner Nachwuchs haben, kann zuckersüße Fotos schießen.**

Überhaupt ist Skansen zu jeder Jahreszeit einen Besuch wert. Ob beim Allsång (Singalong) im Sommer, den vielen Volksfesten oder beim Weihnachtsmarkt in der Adventszeit, es ist immer etwas los und die Atmosphäre ist einmalig!

Djurgårdsslätten 49–51 | Station: Skansen

FOTO TIPP FOTO TIPP FOTO TIPP FOTO TIPP

PS: Skansen liegt auch auf einem Hügel, daher gibt es von hier aus einige erstaunliche Ausblicke auf die Stadt.

BUCKET LIST
Skansen

Klebe als Beweis, dass du hier warst,
deinen Kassenzettel/dein Ticket ein.

FOTO TIPP FOTO TIPP FOTO TIPP FOTO TIPP FOTO

Das altmodische Kettenkarussell in Gröna Lund sorgt besonders nachts für tolle Fotos und ist ein beliebter Insta-Spot.

84. GRÖNA LUND

Die mega-coole Stockholm-Institution schlechthin ist Gröna Lund, ein schon seit 1883 bestehender – und ständig um aktuelle Fahrgeschäfte erweiterter – Vergnügungspark. Lust auf eine wilde Achterbahnfahrt? Dann ab zur *Insane* oder zur *Jetline*! Wem die Haare dann noch nicht zu Berge stehen, der kann sich im *Spökhuset* gruseln oder sich am *Fritt Fall*, einem Free-Fall-Tower, kreischend in die Tiefe stürzen. Klassischer geht es auf dem altmodischen Kettenkarussell *Kättingflygaren* zu, nostalgischen Charme verströmen die Schießbuden. **Fantastische Live-Shows gibt es übrigens auch – auf den hiesigen Bühnen standen schon Größen wie die Beatles.** Am liebsten schlendere ich mit frischem Popcorn und gebrannten Mandeln über den Platz und beobachte das wilde Treiben.

Lilla Allmänna Grand 9 | Station: Liljevalchs/ Gröna Lund

85. SPRITMUSEUM

Schon mal darüber nachgedacht, was in deinem Körper passiert, wenn du einen Gin-Tonic trinkst? Nein? Das wird sich nach einem Besuch im faszinierenden Spritmuseum ändern! Hier dreht sich alles um geistreiche Getränke, die Schweden und ihre Trinkkultur, eine Erläuterung zur Biologie des Betrunkenwerdens inklusive. Trocken geht es dabei ganz und gar nicht zu – wer mag, kann die Alkoholika nicht nur anschauen, sondern auch riechen und probieren. Was gerade ausgestellt ist, ändert sich immer mal. **Eine schicke Bar gibt es vor Ort ebenfalls (jemand einen French Viking?), und im Souvenirshop kann die Lieblingssorte dann gleich gekauft werden.** Absolut sehenswert und eine coole Alternative zum „normalen" Museumsbesuch!

Djurgårdsvägen 38–40 | Station: Liljevalchs/ Gröna Lund

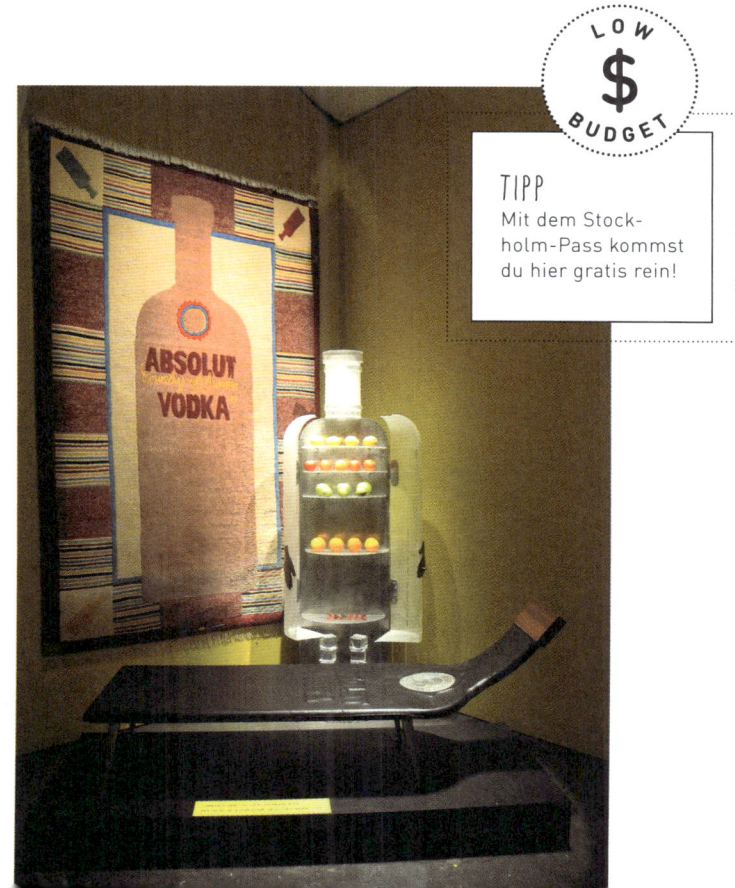

LOW $ BUDGET

TIPP
Mit dem Stockholm-Pass kommst du hier gratis rein!

DJURGÅRDEN

86. ABBA MUSEUM

You are the Dancing Queen! Im ABBA Museum kannst du deine innere Agnetha rauslassen. Du darfst dich (virtuell) in die Kostüme der erfolgreichsten schwedischen Band aller Zeiten hüllen, tanzt per Hologramm als fünftes Mitglied der Gruppe und kannst sogar mitsingen. **Ob du die richtigen Töne getroffen hast, kannst du danach leicht prüfen – deine Performance wird nämlich aufgenommen und lässt sich mithilfe eines persönlichen Codes auf den heimischen Computer laden.** Dein Besuch hier ist also sehr interaktiv, sogar ein Helikopterflug per VR-Brille ist möglich! Darüber hinaus gibt es im ABBA Museum natürlich auch jede Menge Bildmaterial und Original-Kostüme zu sehen. Das ABBA Museum ist deshalb für mich ein absolutes Must-Have wenn man länger in Stockholm ist und früher gerne Mamma Mia geschaut oder die Filmmusik dazu gehört hat!

Djurgårdsvägen 68 | Station: Liljevalchs/Gröna Lund

Ich bin kein Riesenfan, aber verbinde ABBA immer mit meiner Mama, mit der ich früher auf der Couch saß und bei einem großen Becher Eiscreme den Film Mamma Mia geschaut habe.

Selbst im Winter finde ich den Park traumhaft schön! Dann liegt hier eine dicke, fette Schneedecke auf Bäumen & Wiesen – perfekt für einen Schneespaziergang!

FOTO TIPP FOTO TIPP FOTO TIPP FOTO TIPP

PARKS

87. EKOPARKEN

Es war eine revolutionäre Idee: Ein Nationalpark mitten in der Großstadt, der nicht nur Flora und Fauna einschließt, sondern auch Bauwerke und Schlösser. Mit dem 27 km^2 großen Ekoparken, dem Königlichen Nationalpark, gelang diese einzigartige Mischung in Stockholm. Wanderwege verbinden alle Teile des Parks miteinander – und wer will, kann das Areal sogar im Rahmen einer Kajaktour erkunden. Die von Bäumen gesäumten Wege nehmen Ende September einen tollen goldenen Farbton an und machen den Herbst zu einer idealen Zeit für Fotos und Spaziergänge!

Und ein geschütztes Plätzchen für die eigene Yogamatte findet sich hier sicher auch.

Der cremefarbene Rosendals Palace ist das ganze Jahr über wunderschön, aber die Frühlings- und Sommerblumen machen diesen Ort zu einem Muss für alle Hobby-Fotografen! Dieser Teil des Parks hat immer volle Sonne, doch solltet ihr auf jeden Fall vermeiden, mittags zu fotografieren. Am gegenüberliegenden Ende des Kungliga-Parks verengt sich der See dann zu einem Kanal, durch den Boote aufs offene Meer fahren. Einfach herrlich!

Djurgårdsvägen 221 | Bus: Edelstams Väg

DJURGÅRDEN

Rosendals
Trädgård

LOVE IT! Hier gibt es super leckere Kuchen, und dann ist das Café auch noch die perfekte Location für Bilder!

ESSEN & TRINKEN

88. CAFÉ SKROTEN

Das kleine Café an der alten Werft auf Djurgården ist ein echtes Juwel: Eingerichtet wurde es im gemütlichen, bunt zusammengewürfelten Vintage-Stil mit maritimen Accessoires. Man sitzt unter Fischernetzen, umgeben von altem Bootszubehör, und trinkt Kaffee aus blauweiß gemusterten Tassen. Wer es deftig mag, macht es wie die Einheimischen und bestellt das Shrimps-Sandwich; Naschkatzen werden den selbstgebackenen Kuchen lieben.

Beckholmsvägen 14 | Station: Skansen |
www.skrotens.se

89. ROSENDALS TRÄDGÅRD

Mit Steinen werfen solltest du hier tatsächlich nicht – aber wer würde

das auch wollen? In diesem Gewächshaus-Café kommen liebevoll angerichtete Köstlichkeiten aus Bio-Zutaten auf den Tisch. Es gibt bunte Salate, belegte Brote und Suppen, aber auch süße Teilchen und Kuchen. Wenn es warm ist, kann man auch im großen Garten unter Apfelbäumen oder Sonnenschirmen sitzen. Gestärkt? Dann ab in die angeschlossene Gärtnerei, wo u.a. Produkte aus ökologischem Anbau verkauft werden.

Rosendalsterrassen 12 | Station: Bellmansro;
dann zu Fuß den Schildern zum Trädgård folgen
(ca. 10 Min.) | www.rosendalstradgard.se |
@rosendalstradgard

90. OAXEN SLIP

Ist das originelle Ambiente mit Boot an der Decke das Tollste hier? Der fantastische Blick aufs Wasser? Oder doch die kreative Küche? Was auch

immer einen zu einem Besuch lockt – er lohnt sich! Im Bistro des edlen Zwei-Sterne-Lokals Oaxen Krog werden aus Biozutaten bodenständige, aber doch besondere Leckereien gezaubert. Es gibt z. B. frittierte Schweinsbäckchen mit Rüben, Knoblauch-Mayo und Koriander oder Hering mit brau-

ner Butter, warmem Kartoffelsalat, gelber Bete und Haselnuss. Und ganz so arm wie im eleganten Schwester-lokal wird man hier zum Glück auch nicht!

Beckholmsvägen 26 | Station: Skansen | www.oaxen.com | @oaxenslip

STOCKHOLM
Kungsholmen

Königlich ist die Insel Kungsholmen schon seit Jahrhunderten nicht mehr, hier geht es eher ruhig zu. Die 1380 m lange Nachbarinsel Långholmen ist der ultimative Tipp, wenn die City stresst und der Sinn nach Natur und Outdooraktivitäten steht. Buchten, Strände, Schiffsanlegestellen und viel Grün bieten ausreichend Möglichkeiten zum Schwimmen, Radfahren, Wandern, Picknicken und Chillen.

ERLEBNIS HIGHLIGHTS KUNGSHOLMEN

> **SIGHTSEEING PER SUP**

> **IM ALTEN GEFÄNGNIS ÜBERNACHTEN**

> **AUF DEM DESIGNTORGET SHOPPEN**

> ....

> ....

> ....

> ....

Relaxen, Fun und Shopping bei Insel- und Großstadtflair

Kungsholmen

SEHENSWERTES

- 91 STOCKHOLM SUP
- 92 AUSSICHT VOM STADSHUSET
- 93 SMEDSUDDSBADET
- 94 LÅNGHOLMEN HOTELL

PARKS

- 95 RÅLAMBSHOVSPARKEN

ESSEN & TRINKEN

- 96 HOLY GREENS
- 97 MÄLARPAVILJONGEN
- 98 JOHAN & NYSTRÖM
- 99 LUX DAG FÖR DAG

SHOPPING

- 100 DESIGNTORGET

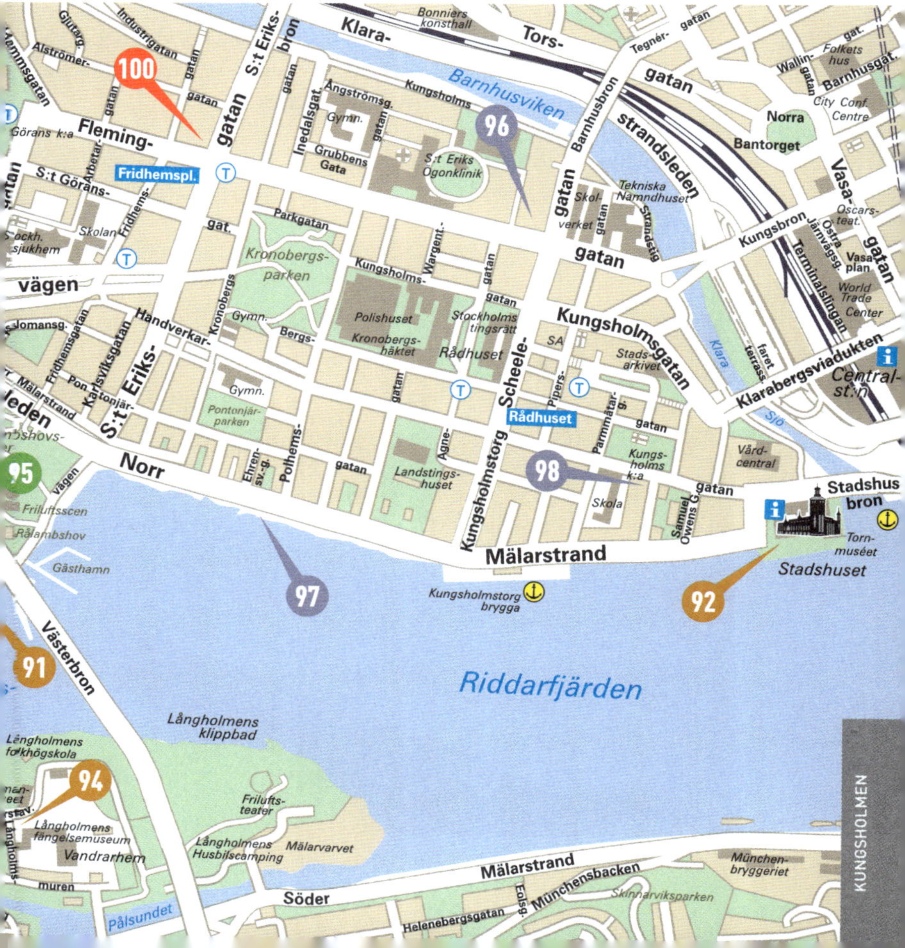

SEHENSWERTES

91. STOCKHOLM SUP

Aktivitäten im und am Wasser stehen bei Stockholmern immer hoch im Kurs. Ob klassisch, mit dem Tretboot, Kanu, Kajak oder eben dem Stand-Up-Paddle… Einfach mal aufs Board steigen und schauen, wie's sich aus der Perspektive paddelt. Da ist echte Körperbeherrschung gefragt. Dass aller Anfang schwer ist, versteht sich von selbst, dass die Sache jede Menge Spaß mit sich bringt, ebenfalls. Wer auf den Geschmack gekommen ist und beispielsweise die Inseln Kungsholmen, Reimersholme oder Södermalm mal stehend vom Wasser aus in Augenschein nehmen möchte: Verleihstationen gibt es viele, und einige bieten auch Kurse für Anfänger und Fortgeschrittene oder auch geführte Paddeltouren an. Wenn du aber lieber auf eigene Faust ein bisschen herumcruisen möchtest – auch gut! Dann schnapp dir für ein paar Stunden ein Board und lass es gemütlich angehen. **Die beste Zeit ist, wenn das Wasser warm ist, das heißt von Juni bis August.**

www.stockholm-sup.se | www.tantosok.se

FOTO TIPP FOTO TIPP FOTO TIPP FOTO TIPP FOTO TIPP

Dies ist einer der beliebtesten Stockholmer Foto-Spots. Komm also frühmorgens oder abends, um den Menschenmassen auszuweichen.

92. AUSSICHT VOM STADSHUSET

Wer hoch hinaus will, liegt mit einem Besuch des Stockkolmer Rathauses genau richtig: Vom 106 m hohen Turm genießt man einen grandiosen Ausblick auf die Stadt! Kein Wunder, dass der Turm einer der beliebtesten Stockholmer Foto-Spots ist. Aber die weite Sicht muss man sich natürlich erstmal verdienen, denn bis in die Turmspitze sind 365 Stufen zu erklimmen. Fußmüde können den Aufzug nehmen, allerdings fährt der auch nur bis zum Turmmuseum. Außerdem ist ein Turmbesuch nur zu festgelegten Zeiten möglich! Im Rahmen einer geführten Tour kann man sich die Innenräume des zwischen 1911 und 1923 erbauten Rathauses anschauen – und da kommt man ganz schön ins Staunen, denn so mancher schicke Raum verbirgt sich hinter dem schlichten, braunen Gemäuer, so etwa der Goldene Saal oder die Blaue Halle, in der jährlich das Festessen für die geladenen Gäste anlässlich der Vergabe der Nobelpreise aufgetischt wird. **Die märchenhaften Arkaden am Wasser bieten dagegen einen herrlichen Blick auf Södermalm und den Mälarsee.**

Hantverkargatan 1| U-Bahn: Radhuset; Bus: Stadshuset

93. SMEDSUDDSBADET

Ich liebe solche Bademöglichkeiten in Großstädten! Hier kannst du gemütlich am Wasser entlang schlendern, auf der Wiese ein bisschen Sonne tanken oder die Füße in den Sand stecken, im Freien schwimmen, von Steg oder Badeplattform aus ins kühle Nass hüpfen, dich einfach treiben lassen … All das bietet das süße Strandbad Smedsuddsbadet auf Kungsholmen, das gern von den Einheimischen besucht wird – und ein idealer Ort ist für alle, die nach einer einer ausgiebigen Shopping- oder Sightseeing-Tour mal ein Päuschen brauchen.

Vom Stadshuset aus kannst du übrigens auf einem schönen Weg dorthin spazieren. Dauer: etwa eine halbe Stunde.

Smedsuddsvägen | U-Bahn: Thorildsplan (grüne Linie)

An schönen Sommertagen lege ich hier gern einen „Badetag" ein! So hat man beides: Stadttrubel und sonnigen Beachday.

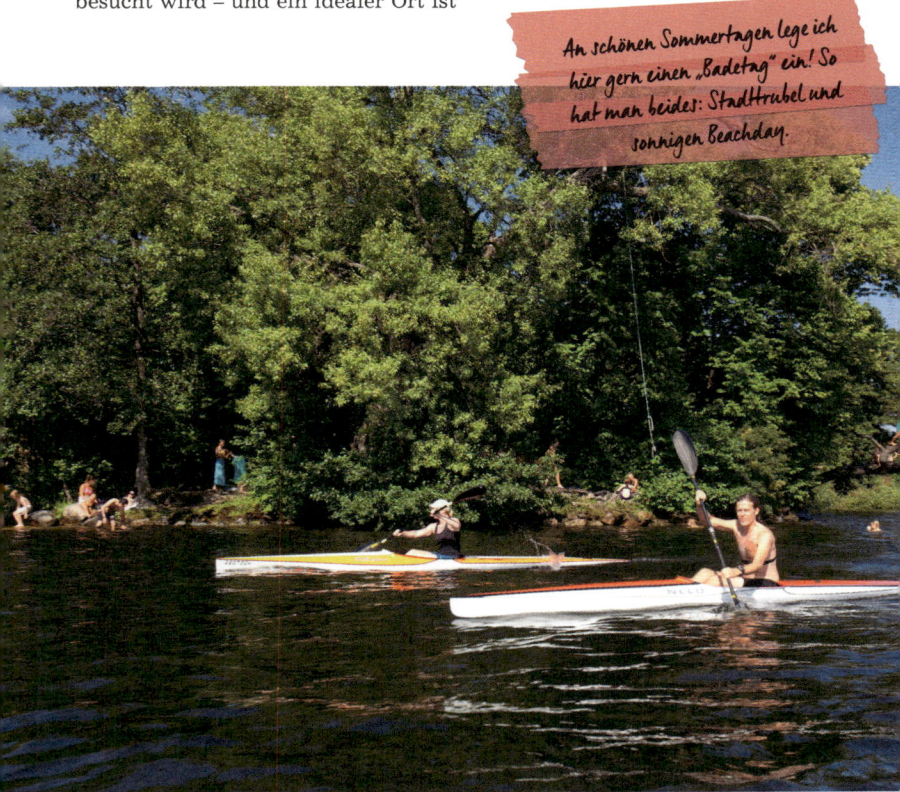

122

BUCKET LIST

Smedsuddsbadet

Bestreiche die sandfarbenen Flächen mit irgendetwas,
das klebt, und streue etwas Sand darüber.

I ♥ STHLM

Übrigens sind die Zimmer in der Jugendherberge super erschwinglich! Eine coole Alternative zum klassischen Airbnb.

94. LÅNGHOLMEN HOTELL

Eine Nacht im Knast – und das auch noch freiwillig? Långholmen macht's möglich. Lange Zeit war das Zentralgefängnis, das hier im 19. Jh. entstand und fast 150 Jahre lang Gauner und Ganoven dingfest hielt, berühmt-berüchtigt. Nachdem es in den 1970er-Jahren ausgedient hatte, wurden die Räumlichkeiten zu einer Jugendherberge und einem Hotel mit Restaurant umfunktioniert. Die naturgemäß recht kleinen Zimmer sind schlicht eingerichtet, versprühen dafür aber ihren ganz eigenen Charme – und das Angebot ist groß: Von der Einzel- über die Vierbett-Zelle bis zum Bett im Schlafsaal gibt's alles, sogar eine Romantik-Zelle. Über die „kriminellen" Geschichten, Fakten und Hintergründe informiert ein Museum inklusive einer authentischen, original eingerichteten Gefängniszelle. Na dann gute Nacht!

Långholmsmuren 20 | U-Bahn: Hornstull T-bana: Bus: Bergsunds strand | www.langholmen.com

PARKS

95. RÅLAMBSHOVSPARKEN

Rålambshovsparken auf Kungsholmen ist eine grüne Oase, die aber auch Platz für coole Outdooraktivitäten bietet. Kein Wunder trifft man hier zu jeder Jahreszeit viele Stockholmer:

Ob Boule, Yoga, Aerobic, Skaten oder eine kleine Erfrischung im Mälarsee – hier wird's auf keinen Fall langweilig. Zudem gibt's moderne Kunst und ein Amphitheater für 5000 Leute.

Smedsuddsvägen 6 | U-Bahn: Thorildsplan

Ich bin zwar nicht wirklich gut drin, aber hin und wieder skate ich hier gern eine Runde und fühle mich wie ein echtes „Stockholm City Girl" :)
PS: Natürlich auch eine coole Location für urbane Insta-Fotos!

FOTO TIPP FOTO TIPP FOTO TIPP FOTO TIPP FOTO

KUNGSHOLMEN

Mälarpaviljongen

ESSEN & TRINKEN

96. HOLY GREENS

Grün, saftig, knackig und gesund – wenn das die Kriterien fürs Mittag- oder Abendessen sind, dann ist die Restaurant-Kette Holy Greens genau das Richtige: Frische Salate querbeet, leckere Dressings, Säfte und Smoothies. Zum Glück gibt's Holy Greens mehrmals in der Stadt, denn ich mag es total. Ich hole mir hier gern eine leckere Bowl to go und setze mich in die Sonne. Und wenn's schnell gehen soll, kannst du auch online vorbestellen.

Regeringsgatan 28 | Bus: Jakobsgatan | www.holygreens.se | @holygreens

97. MÄLARPAVILJONGEN

Die Lounge (auch Restaurant) ist eine tolle Location, die zum Teil auf einer Schwimmplattform im Wasser liegt und damit beste Voraussetzungen bietet, um es sich gut gehen zu lassen. Wer etwas Besonderes für einen gemütlichen Sommerabend sucht, ist hier an der richtigen Adresse. Die Speisen und Getränke sind zwar nicht ganz billig, dafür ist alles aber eben auch nicht nullachtfünfzehn.

Norr Mälarstrand 64 | U-Bahn: Fridhemsplan; Bus: Pontonjärparken | www.malarpaviljongen. se | @malarpaviljongen

98. JOHAN & NYSTRÖM

Kaffeefreaks aufgepasst: Hier gibt's Kaffee der Spitzenklasse, denn die Jungs von Johan & Nyström legen größten Wert auf fairen Handel und Bioanbau. Wirklich der Hammer,

Johan & Nyström

Baristaperfektion im Johan & Nyström

denn schon die Ausstattung zeigt (gebrüht wird auf einer V60), dass man sich ganz auf die Kaffeezubereitung spezialisiert hat und sein Handwerk versteht. Dazu gibt's leckere herzhafte und süße Snacks. Da kann man echt dankbar sein, dass es die netten Cafés, in denen übrigens auch super guter Tee serviert wird, gleich mehrmals in der City gibt… Perfekt für eine vernünftige Fika!

Swedenborgsgatan 7 | U-Bahn: Mariatorget; Bus: Wollmar Yxkullsgatan | www. johanochnystrom.se | @johanochnystrom

99. LUX DAG FÖR DAG

Regionale Küche vom Feinsten frisch auf den Tisch – so könnte man mit knappen Worten die Philosophie des Lokals beschreiben, das sich in einer alten Fabrikhalle von Elektrolux eingerichtet hat. Die Gerichte werden stets aufs Neue je nach Verfügbarkeit der Zutaten zusammengestellt und spitzenmäßig zubereitet. Perfekt ist ein Besuch zum Samstagsbrunch, wenn man sich durch sämtliche Köstlichkeiten von Fleisch, Fisch und Käse bis hin zum Dessert durchschlemmen kann. Auf jeden Fall einen Tisch reservieren!

Primusgatan 116 | Bus: Luxparken | www.luxdagfordag.se | @luxdagfordag

SHOPPING

100. DESIGNTORGET

Der Name verrät es schon: Hier gibt's nicht irgendeinen Schnickschnack, sondern mega cooles skandinavisches Design. Möbel, Deko, Spiele, Bücher, Schreibwaren, Schmuck und ausgefallene Geschenkideen – alles im Scandi-Style, den ich so liebe! Ein Besuch lohnt sich auf jeden Fall, denn die kreative Szene hat einiges zu bieten, und das gleich in mehreren Filialen.

Sankt Eriksgatan 45 | U-Bahn: Fridhemsplan; Bus: Fleminggatan/St Eriksgatan

KUNGSHOLMEN

PARTYGUIDE
Stockholm

Wer in Stockholm in einem Club feiern möchte, sollte sich unbedingt in Schale schmeißen, denn hier wird nachts Abba-like der Glitzerfummel rausgeholt. Also: je schicker der Style, desto größer die Chancen, an den Türstehern vorbeizukommen!

HOUSEPARTYS

›› DIVERS

Da Stockholm im Bereich Nightlife ziemlich teuer sein kann, werden hier viele Housepartys veranstaltet, die tolle Alternativen zu kostspieligen Clubabenden bieten. Gefeiert wird entweder an den großen Unis, in eigenen Partyräumen mit coolen Live-DJs (meist trägt man hier Pullis oder Patches, um zu zeigen, welcher Fakultät man angehört). Aber es gibt auch viele Privatpartys zuhause. Wir waren zum Beispiel an Silvester über *Tinder* auf einer Penthouse-Party eingeladen, haben dort supercoole Leute kennengelernt, zu ABBA-Musik getanzt und das Feuerwerk am Wasser angeschaut. Über Housepartys kommst du schnell mit Einheimischen in Kontakt und bekommst oft tolle Tipps für einen unvergesslichen Stockholm-Trip! Trau dich!

SPY BAR

›› ELEKTRO, HOUSE

Die Spy Bar im schicken Stadtteil Östermalm erstreckt sich über zwei Stockwerke und ist ein absoluter In-Hotspot! Die Musik ist gut, das Publikum international, und die Getränkepreise sind etwas höher als üblich – was aber angesichts der Exklusivität dieses Nachtclubs nicht verwundert. Viele Promis und Stars aus der Medienbranche zählen zu den Gästen. Reinzukommen ist nicht einfach, denn die Türsteher sind gnadenlos und wählerisch. Trotzdem stellen sich viele Partygänger immer geduldig in die langen Warteschlangen, denn die Stimmung zu späterer Stunde ist einfach einzigartig und die Atmosphäre super cool!

Östermalm | Birger Jarlsgatan 20 | U-Bahn: Östermalmstorg | www.stureplansgruppen.se

MÖGLICHST FRÜH KOMMEN!
AB 1 UHR WIRD ES HIER
BRECHEND VOLL.

FASCHING

›› DIVERS

Nördlich des Hauptbahnhofs gelegen lockt der legendäre Jazzclub „Fasching" mit grandiosen Live-Konzerten und Clubabenden. Gespielt wird eine große Bandbreite unterschiedlichster Stilrichtungen – von Boogie und Soul über Reggae bis hin zu

Hip-Hop und natürlich: Jazz! Wer hochka-
rätige Live-Acts schätzt, sollte unbedingt
einen Abend in diesem weltbekannten
Club verbringen!

Norrmalm | Kungsgatan 63 | U-Bahn: T-Centra-
len; Bus: Kungsgatan | www.fasching.se |
@faschingsthlm

4. STURECOMPAGNIET

>> DIVERS

Im größten Nachtclub Stockholms trifft
sich die junge Hipster-Szene der Stadt.
Die besten DJs aus ganz Schweden legen
hier auf und sorgen für ausgelassene
Partystimmung. Gefeiert wird auf
mehreren Floors, die sich über
zwei Stockwerke verteilen.
Wie in allen Nobel-Clubs
von Östermalm achten
die Türsteher sehr auf's
Outfit – je schicker,
desto besser!

Östermalm | Sturegatan
4 | Bus: Stureplan | www.
sturecompagniet.se |
@sturecompagniet

MÖGLICHST VOR 24 UHR
KOMMEN!

SOAP BAR

>> DIVERS

Auf der Liste der absoluten Party-Hot-
spots in Stockholm darf die Soap-Bar auf
keinen Fall fehlen! Der kleine, aber feine
Club zieht ein bunt gemischtes Publikum aller Altersklassen an. Mit cooler
Atmosphäre, leckeren Drinks, guter Musik,
sympathischen Leuten und Party bis 3 Uhr
früh bietet die Soap Bar alles, was man für
einen perfekten Abend braucht.

Östermalm | Nybrogatan 1 | Station: Nybroplan |
www.soapbar.se | @thesoapbarsthlm

BERNS

>> ELEKTRO

In Berns Salonger, einem berühmten historischen Gebäude aus dem Jahr 1863, ist
neben einem Hotel, verschiedenen Bars und
Veranstaltungsbühnen auch ein beliebter
Nachtclub untergebracht. Mit seinem futuristischen Style, einer coolen Laser-Show,
angesagten DJs und einer riesigen Tanzfläche bietet er die besten Voraussetzungen,
um die Nacht zum Tag zu machen!

Norrmalm | Näckströmsgatan 8 | U-Bahn: Kungs-
trägården | www.berns.se | @berns

F12 TERRASSEN

>> TECHNO, HOUSE, HIP-HOP

Im Sommer ein absolutes
Highlihgt: In Stockholms
legendärem Summer-
Nightclub kannst du
auf einer gigantischen
Tanzfläche auf mehreren
Terrassen im Freien bis
in die frühen Morgen-
stunden tanzen und feiern.
Es gibt zahlreiche Bars, und
der Blick auf Strömmen und
Gamla Stan ist atemberaubend.
Die DJs sorgen für coole Stimmung, und
das Publikum könnte unterschiedlicher
nicht sein.

Norrmalm | Fredsgatan 12 | U-Bahn: T-Cent-
ralen; Bus: Tegelbacken | www.facebook.com/
f12sthlm | @f12terrassen

TRAEDGARDEN
UNDER BRON

>> TECHNO, HOUSE

Im Szeneviertel Södermalm findest du diesen einzigartigen Club, der alles andere als

JE FRÜHER MAN KOMMT, DESTO GÜNSTIGER IST DER EINTRITT!

08/15 ist. Die coole Location unter einer Autobahnbrücke öffnet im Sommer schon am Nachmittag und lockt mit entspannter Partystimmung ein interessantes, bunt gemischtes Publikum an. Wenn die Tage wieder kühler werden, zieht der Club nach drinnen und ändert seinen Namen: Das Under Bron überbrückt dann den Winter mit angesagten nationalen und internationalen DJs, die bis 5 Uhr morgens auflegen.

Södermalm | Hammarby Slussväg 2 | U-Bahn: Skanstull, Gulmarsplan | www.tradgarden.com | @tradgarden | www.husetunderbron.se | @underbron

TIPPS

EARLY BIRD

Je früher man da ist, desto größer ist die Wahrscheinlichkeit, in einen Club hineinzukommen. Sonst heißt es: anstehen! Gegen 3 Uhr schließen die meisten Clubs dann schon wieder und Feierwütige machen sich auf den Weg zur Afterparty.

HELLS KITCHEN

>> HOUSE, TECHNO, DISCO

Willkommen in der „Hölle"! Der stilecht designte Club ist eine der wenigen Discotheken in Stockholm und steht wegen seiner langen Öffnungszeit bis 5 Uhr morgens vor allem bei den unermüdlichen Nachtschwärmern hoch im Kurs. Wer hier feiern möchte, darf allerdings nicht geizig sein – das Publikum ist ziemlich abgehoben, und der Champagner fließt in Strömen.

Östermalm | Sturegatan 4 | U-Bahn: Östermalmstorg; Bus: Humlegården |www.sturecompagniet.se/hells-kitchen

DAS MINDESTALTER IST 23 JAHRE.

MORFAR GINKO

>> FUNK, SOUL, TECHNO, ELEKTRO

Eine tolle Location, um in entspannter Atmosphäre gut zu essen, Cocktails zu schlürfen, nette Leute zu treffen und zu feiern. An bestimmten Tagen kann man hier sogar Tischtennis spielen! Im Sommer bietet ein schöner Innenhof zusätzlichen Platz, um sich gemütlich hinzusetzen und ein bisschen zu plaudern, während auf dem Mega-Dancefloor im Untergeschoss Party angesagt ist.

Södermalm | Swedenborgsgatan 13 | U-Bahn: Mariatorget | www.morfarginko.se | @morfarginko_papparayray

SLAKTHUSET

>> ELEKTRO

Dieser Club in einem ehemaligen Schlachthof steht in dem Ruf, die beste Elektro-Musik der ganzen Stadt zu spielen. International bekannte DJs sowie aufstrebende Newcomer der Szene legen hier auf und heizen den partywütigen Massen auf drei verschiedenen Floors mit heißen Elektro-Beats so richtig ein. Im Sommer steht den Gästen außerdem eine gigantische 600 m² große Dachterrasse zur Verfügung.

Außerhalb | Slakthusgatan 6 | U-Bahn: Globen | www.slakthuset.nu | @slakthuset

LE FOU

>> DIVERS

Das Le Fou im Herzen Stockholms hat es in vielerlei Hinsicht in die Top-Riege der beliebtesten Clubs der schwedischen

Hauptstadt geschafft. Das französisch angehauchte Interieur mit Holztischen, Bistrostühlen, Marmorböden und Metrofliesen an den Wänden versprüht einen heimeligen Charme, und das exzellente Soundsystem liefert die perfekten Klänge für entspannte Stunden mit Freunden.

Norrmalm | Hamngatan 2 | Straßenbahn: Nybroplan; Bus: Nybroplan | www.fouclub.com | @fouclub

DRESSCODE: LÄSSIG-CHIC

24-HOUR FOOD

IM CLUB

Viele Clubs haben ihre eigenen Restaurants, in denen man hervorragend essen kann.

DAS MINDESTALTER IST 21 JAHRE.

DEBASER SLUSSEN

>> INDIE, ELEKTRO, POP, HARDROCK

Lust auf original schwedische Live-Musik? Dann bist du im Debaser Slussen genau richtig! Zwischen Altstadt und Südstadt, in der Nähe der Schleuse (*slussen*), befindet sich dieser geniale Hotspot für nationale und internationale Live-Acts. Das Publikum ist lässig, studentisch und jung und lange nicht so abgehoben wie in den Clubs der Hipster-Gegenden. Die Konzerte sprechen jeden Musikgeschmack an – von Indie, Elektro und Pop bis hin zu Hardrock ist alles dabei.

Södermalm | Hornstulls Strand 4-9 | Station: Hornstull | www.debaser.se | @debasersthlm

ven Club tummeln sich die Reichen und Schönen der Stadt, zudem viele VIPs und solche, die sich dafür halten. Doch die Upper-Class kommt nicht nur zum Feiern hierher, sonden auch wegen der exzellenten Küche, die schwedische, französische und Crossover-Gerichte serviert.

Östermalm | Biblioteksgatan 23 | U-Bahn: Östermalmstorg | www.facebook.com/laroystockholm

KHARMA

>> ELEKTRO, DISCO

Das Kharma zählt zu den beliebtesten und bekanntesten Nachtclubs in Stockholm. Das exklusive, orientalisch angehauchte Ambiente mit skandinavischem Flair lockt ein bunt gemischtes, internationales Publikum an. Regelmäßig finden hier Partys, Events und besondere Themenabende statt.

Östermalm | Sturegatan 10 | U-Bahn: Östermalmstorg | www.clubkharma.se

LAROY

>> DIVERS

Nichts für den schmalen Geldbeutel! Luxus, Glanz und Glamour in Reinform erlebst du bei einem schillernden Abend im legendären Laroy. In diesem exklusi-

TIPPS

WAS TRÄGT MAN WO?

So zweckmäßig die Schweden tagsüber gekleidet sind, so putzen sie sich abends für Partys & Veranstaltungen heraus. Da wird schon mal Abba-like der Glitzerfummel rausgeholt! Gefeiert wird oft an den Unis und in privaten Party-Räumen mit Live-DJs.

In Stockholm ist immer etwas los und die Stadt ist aufgrund der krassen Gegensätze von Licht und Dunkelheit mega abwechslungsreich. Hier die Highlights im Jahreslauf.

JANUAR

STOCKHOLM DESIGN WEEK

Design-Fans geben sich im Februar in Stockholm die Ehre. Sieben Tage lang dreht sich in der Stadt alles um das Schöne und Edle. An verschiedenen Locations finden Hunderte von Events statt, beispielsweise in Galerien, Hotels, Showrooms. Hier treffen sich Käufer, Architekten, Designer, Journalisten und Influencer und du kannst dich inspirieren lassen und dein Netzwerk pflegen.

www.stockholmdesignweek.com

MÄRZ/APRIL

SCHWEDISCHE OSTERTRADITIONEN

Nicht wundern, wenn du hier am langen Osterwochenende auf kleine Hexen triffst, die von Haus zu Haus ziehen und Süßigkeiten erbetteln. Diese „Påskkärringar" gehen auf die Legende von den Osterhexen zurück, die am Gründonnerstag auf dem Besen zum Felsen Blåkulla im Meer fliegen – dem schwedischen Blocksberg. In der Osternacht werden auch in Schweden riesige Osterfeuer entzündet, die die Hexen fernhalten sollen. Natürlich dürfen auch Ostereier, Süßigkeiten und Osterglo-

cken nicht fehlen. Wer kann, fährt in sein Ferienhaus, daher ist auch verkehrstechnisch über die Feiertage einiges los.

APRIL

TOUGH VIKING

Ein mega-harter Hindernislauf und wirklich nur etwas für super trainierte und mutige Frauen und Männer: Feuer und Wasser, Seile, Leitern zum Hangeln, Matsch, Eiswasser und senkrechte Wände warten auf die Teilnehmer. Sie müssen schwere Gewichte tragen und sich wirklich auf die abartigsten Hindernisse einlassen, die sich die Macher zusammen mit Eliteeinheiten der Marine ausdenken. Zum Zugucken ist es natürlich ein gigantisches Spektakel, wenn sich tausende Teilnehmer über die Hindernisse quälen – das muss man auch aushalten können! In Stockholm gibt's den „starken Wikinger" im April und im August auf Djurgården.

www.toughviking.se

VALBORGSMÄSSOAFTON

Zur Walpurgisnacht am 30. April begrüßen die Stockholmer, besonders die Studenten, intensiv den Frühling mit Gesängen und mächtigen Feuern. Das größte Event in Stockholm findet im Freilichtmuseum Skansen statt. Studentenchöre singen traditionelle Lieder, es folgt die Frühlingsansprache, und um 21 Uhr wird das gigantische Walpurgisfeuer entzündet. Dann lodert der Himmel und der Winter wird noch einmal mit aller Macht ausgetrieben – tolles Spektakel. Auch auf der kleinen Insel Riddarholmen gibt's am Abend ein geniales Feuer.

www.skansen.se

JUNI

TA STUDENTEN

Nie wieder Schule! In Schweden zelebrieren die Abiturient*innen ihren Abschluss ausführlich und für alle sichtbar. Stolz tragen sie ihre weißen Schirmmützen mit der schwedischen Flagge im Innenfutter. Auf geschmückten Autos und Lastwagen, von denen ordentlich Musik dröhnt, fahren sie laut grölend, gepusht durch diverse Gläschen Sekt, durch die Innenstadt, was natürlich nicht ohne ein gewisses Verkehrschaos abgeht.

SMAKA PÅ STOCKHOLM

In der ersten Juniwoche pilgern rund 350 000 Menschen in den Park Kungsträdgården, wo ein riesiges Food-Festival stattfindet. Rund 40 super Restaurants, Bäcker, regionale Produzenten und Foodtrucks zelebrieren hier ihre Kunst und bieten kulinarische Köstlichkeiten aus Schweden und der ganzen Welt. Du brauchst hier keinen Eintritt zu bezahlen, sondern nur das, was du essen möchtest. Natürlich gibt's auch leckerstes Bioessen, denn Nachhaltigkeit ist eine wichtige Maxime des Festivals.

www.smakapastockholm.se

NATIONALDAGEN

Am 6. Juni ist schwedischer Nationalfeiertag, was du an den vielen gehissten Fahnen siehst, ein Traum in blau-gelb. An diesem Tag wurde König Wasa im Jahr 1523 gekrönt, deswegen dreht sich heute alles um die Royals. Wenn du einen Blick auf sie erhaschen möchtest, such dir am Besten einen guten Platz an der Straße. Denn die königliche Familie fährt mit der Kutsche durch die Stadt zum Freilichtmuseum Skansen, wo sie an den Feierlichkeiten teilnimmt. Oder du gehst zum Feiern zum Königlichen Schloss, wo von 10 bis 17 Uhr die Pforten offenstehen: Museen, Ausstellungen, Paraden und Musik gibt's hier übrigens ganz umsonst.

MIDSOMMAR

An Midsommar herrscht in Schweden das pure Glück: Helle, endlose Tage, Wärme und Sommer lassen die Menschen ausgelassen feiern. Die Party steigt immer an dem Samstag, der dem 24. Juni am nächsten liegt. Achtung: In Stockholm selbst wird es relativ ruhig, denn die Städter ziehen in Scharen aufs Land, um dort zu feiern – der Alkohol fließt in Strömen! Im Freilichtmuseum Skansen allerdings steigt eine traditionelle Mittsommerfeier mit schwedischen Volkstänzen und Musik, du kannst Kränze aus Birkenästen winden und mit Sommerblumen schmücken und die diversen kulinarischen Highlights probieren. Falls du auch Lust auf einen Mittsommer-Trip hast: Die Schäreninsel Sandön gibt eine wunderbare Kulisse für ausgelassene Feiern ab.

www.skansen.se

JULI

STOCKHOLM PRIDE

Ende Juli beginnt die Woche der Stockholm Pride, bei der die Stadt in allen Regenbogenfarben schillert. In vielen

Workshops, Lesungen, Debatten, Filmvor-
führungen und Theater-Acts treffen sich
Menschen, die für die Rechte der LGBTQ
kämpfen. Das zentrale Festivalgelände ist
der Pride Park Östermalms IP mit einem
gigantischen Programm ab Mittwoch.
Highlight der Woche ist die schrill-bunte
Pride-Parade, die am Samstag um 13 Uhr
vom Stadshuset durch die City zum Östermalms IP zieht.

www.stockholmpride.org

AUGUST

STOCKHOLM KULTURFESTIVAL

Fünf Tage lang – immer von Dienstag
bis Samstag zum Ende der schwedischen Sommerferien – wird die ganze
Innenstadt zur Kulturmeile: Zentrale
Veranstaltungsorte sind Gustav Adolfs
torg, Karl XII:s torg, Skeppsbron, Jacobs
Kyrka und das Viertel Norrbro. Hier ist
für jeden etwas dabei und die meisten
Acts sind sogar kostenlos: Musik aus
vielen Genres, von Oper und Klassik
über Jazz und Soul zu Rock und Pop.
Dazu Performances, Tanz, Literatur vom
Feinsten.
Parallel findet im Kungsträdgården Park
das Festival *We are Sthlm* für Menschen
zwischen 13 und 19 Jahren statt, wo
angesagte DJs und Bands am Start
sind – ein kleiner Trost für alle, die am
nachfolgenden Montag wieder in die
Schule müssen.

www.kulturfestivalen.stockholm.se

NYTORGSFESTEN

Vorbild dieses Straßenfests ist der berühmte Notting Hill Carnival in London,
wo sich die Straßen in eine bunte kari-
bische Welt verwandeln. Auf Södermalm
am Nytorget wird von Freitag bis Sonntag mit Musik-Acts, DJs, Performances,
einem riesigen Flohmarkt, Foodtrucks
und einigem mehr ordentlich gefeiert.
Am Freitag zieht ein bunter Karnevals-
zug durch alle drei Parks des Festival-
gebiets. Wer will bringt sein Instrument
mit und lässt sich von der fröhlichen
Menge mitreißen.

www.nytorgsfesten.se

KRÄFTSKIVA

Wenn der schwedische Sommer so
langsam zu Ende geht, wird noch einmal
kräftig draußen gefeiert: Beim Krebsfes-
tival treffen sich die Schweden mit der
Familie und Freunden, essen jede Menge
Krebse – mit viel Dill zubereitet –, trinken
dazu Bier und ihre besten Schnäpse und
singen, was das Zeug hält. Die Gärten
sind mit Lampions und Girlanden hübsch
geschmückt, alberne Papierhütchen und
Lätzchen mit Krebsmotiven befeuern die
Stimmung zusätzlich.

OKTOBER

KANELBULLENS DAG

Die Schweden lieben ihre Zimtschnecken
so sehr, dass sie diese süßen Gebäckstü-
cke seit 1999 jedes Jahr am 4. Oktober
besonders feiern. An diesem Festtag für

Leckermäuler gibt's die Hefeteilchen überall zu kaufen, notfalls auch am Kiosk und an der Tankstelle. Vielleicht kennst du ja Schweden, die selbst backen und dich zu einer besondern Zimtschnecke einladen? Man schätzt, dass die Schweden allein an diesem Tag rund 14 Millionen „Kanelbullar" verputzen.

NOVEMBER

MARTINSTAG

Die Schweden warten nicht bis zum Martinstag am 11. November, sondern verspeisen ihre Gans bereits am Vorabend, dem Martinsafton. Der Legende nach soll sich der heilige Martin von Tours im vierten Jahrhundert in einem Gänsestall versteckt haben, doch die Gänse schnatterten so laut, dass Martin entdeckt wurde. Vielleicht ein bisschen als Strafe dafür kommt heute der Gänsebraten auf den Tisch. Eine andere Erklärung für den Brauch ist, dass Jahrhunderte später am Martinstag eine Gans als Lehnspflicht gezahlt werden musste – und man feiert, dass man sich deren Genuss nun selbst gönnen kann. In Schweden ist der Brauch heute noch vor allem in Skåne verbreitet.

DEZEMBER

SANTA LUCIA

Da die dunkle Jahreszeit in Schweden schon ziemlich massiv ist, lieben die Schweden das Fest des Lichtes am 13. Dezember besonders. Mädchen in weißen Gewändern und mit einer Lichterkrone auf dem Kopf ziehen singend umher und besuchen Alte und Kranke. Die Lich-

terköniginnen bringen Pfefferkuchen und Safrangebäck zu den Menschen und leuchten ihnen mit dem Licht ihrer Kerzen. Besonders stimmungsvoll ist die Luciafeier im Freilichtmuseum Skansen mit der Luciaprozession mit Kutschen und Fackeln.
www.skansen.se

WEIHNACHTSMARKT

Touristen und Stockholmer lieben den nostalgischen Weihnachtsmarkt in Skansen mit seinem ganz besonderen Charme, der am 1. Advent die Weihnachtszeit einläutet. Seit über 100 Jahren locken die Buden mit Kunsthandwerk, Stickarbeiten, typischen Wurst- und Käsekreationen, Skansen-Senf und vielen anderen tollen Dingen Groß und Klein ins Freilichtmuseum. Auf jeden Fall solltest du dir einen Glögg gönnen, den skandinavischen Glühwein, der wärmt und auch einheizt. Auch viel Musik und Tanz sorgen für eine tolle Stimmung. An Silvester gibt's hier ein grandioses Feuerwerk. Weitere Weihnachtsmärkte findest du in Gamla stan auf dem Stortorget, beim Königlichen Hofstall und – nur an einem Wochenende – auf Schloss Drottningholm.

DIE FRAGE IST NICHT OB, SONDERN ZU WELCHEM FESTIVAL DU GEHST.
STOCKHOLM HAT, WIE BEI FAST ALLEN DINGEN, FÜR JEDEN ETWAS.
WERDE EINS MIT DEN VIELEN VIBES DER STADT.

LOLLAPALOOZA FESTIVAL STOCKHOLM

2020 kehrt das Lollapalooza Festival nach Stockholm zurück und zieht, wie auch in Paris und Berlin, seine Fans in großen Scharen an. Drei Tage lang im Juni finden geniale Live-Acts verschiedener Musikgenres statt: Pop, Rock, Hip-Hop, Electronic und Indie. Zum Line-up gehören 2020 Post Malone, Kendrick Lamar, Pearl Jam, Ellie Goulding, Zara Larsson, The Killers, Camila Cabello und viele mehr. Das Ganze steigt in den wunderschönen Parkanlagen des Königlichen Nationalstadtparks in Gärdet, wo ein herrliches Ambiente zum romantischen Picknick und zum Entspannen einlädt. Hier triffst du viele coole und super hotte Leute! Zudem gibt's ausgefallene kulinarische Spezialitäten, Kunst und Aktivitäten. Zu Fuß brauchst du zum Festivalgelände vom Hauptbahnhof ca. 25 Minuten oder du nimmst die Metro bis Karlaplan.
www.lollastockholm.com

SUMMERBURST

Zwei Tage lang feiern über 10 000 Musikfans ausgelassen im Stadion von Stockholm, das sich perfekt für ein Festival eignet. Hier stehen immer die angesagtesten EDM-, Elektro- und House-Acts auf der Bühne. 2019 spielten beispielsweise Dimitri Vegas & Like Mike, Tiësto und Will Sparks. Herausragend ist auch das aufwendige Bühnendesign. Ich liebe die gesamte Atomsphäre und die genialen Gigs! Das Stadion liegt nördlich der Altstadt, mit den U-Bahn-Linien 13 und 14 bist du ganz schnell dort.
www.summerburst.se

WE LOVE THE 2000'S

In der Tele 2 Arena steigt an einem Abend im April die absolute Megaparty. Für 2020 haben sich Wyclef Jean, t.A.T.u. Kate Ryan, DJ Sammy, Bomfunk MC's und viele weitere angesagt. Alle, die die diversen Musikstile der 2000er-Jahre lieben, werden hier einen großartigen Partyabend verbringen. Die Arena liegt im Stadtteil Johanneshov im Süden Stockholms und ist von der U-Bahn-Station Gullmarsplan aus mit einem kleinen Fußmarsch zu erreichen.

PLEASE
don't STOP
THE
Music

POPAGANDA FESTIVAL

Auch wenn sich der Sommer dem Ende zuneigt, beim Popaganda Festival kannst du Ende August/Anfang September zwei Tage lang noch einmal so richtig ausgiebig feiern. Die Location ist das Schwimmzentrum Eriksdalsbadet, das sehr abgefahrene Wasserperformances möglich macht. Auf den Bühnen laufen Elektro, Pop und Rock, z. T. auch alternative Musik, große Namen haben sich hier schon auf den Weg nach oben gemacht. Zum Eriksdalsbadet gelangst du mit den U-Bahn-Linien 17, 18, 19 (Station Skanstull).

www.popaganda.se

PEACE & LOVE FESTIVAL

Im Juli pilgert die schwedische Festivalgemeinde für drei Tage in den Folkets Park in Borlänge. Hier laufen vor allem Rock, Pop, Indie und Electronic; in den letzten Jahren sorgten Inner Circle, Lost Frequencies, THÅSTRÖM, Amanda Fonell und viele andere geniale Musiker für eine gigantische Stimmung. Doch die Macher bieten noch viel mehr Aktivitäten: Tanz, Spiele und vieles, was einfach nur Spaß macht. Auf jeden Fall lohnt sich der Trip nach Borlänge, das nordwestlich von Stockholm liegt. Mit dem Auto brauchst du mindestens zweieinhalb Stunden, so lange ist auch der Intercity vom Stockholmer Hauptbahnhof unterwegs.

www.peaceandlove.se

love is in the air

DEPARTMENT FESTIVAL

Dieses junge Festival ist in kürzester Zeit zu einem megawichtigen Statement der skandinavischen elektronischen Musikszene geworden. Es findet in einem Industriegebäude an der Stora Skorstensgatan in Stockholm statt, wo früher einmal Fleisch verarbeitet wurde. Aber das ist heute Geschichte: Auf dem klimapositiven Festival gibt's vielleicht deshalb nur veganes Essen!

In der einzigartigen Atmosphäre hier spielten 2019 u. a. Adam Beyer, Bicep, DJ Koze, Fatima Osman, La Fleur, Linny Hex, Maceo Plex, MOLØ, Sama', Yotto, Very Addictive. 2020 findet das Festival zwei Tage lang Anfang Juni statt. Mit der Linie 19 kommst du von T-Centralen bequem zu Stora Skorstensgatan (Station: Globen).

www.departmentfestival.com

STOCKHOLM
Liniennetzplan

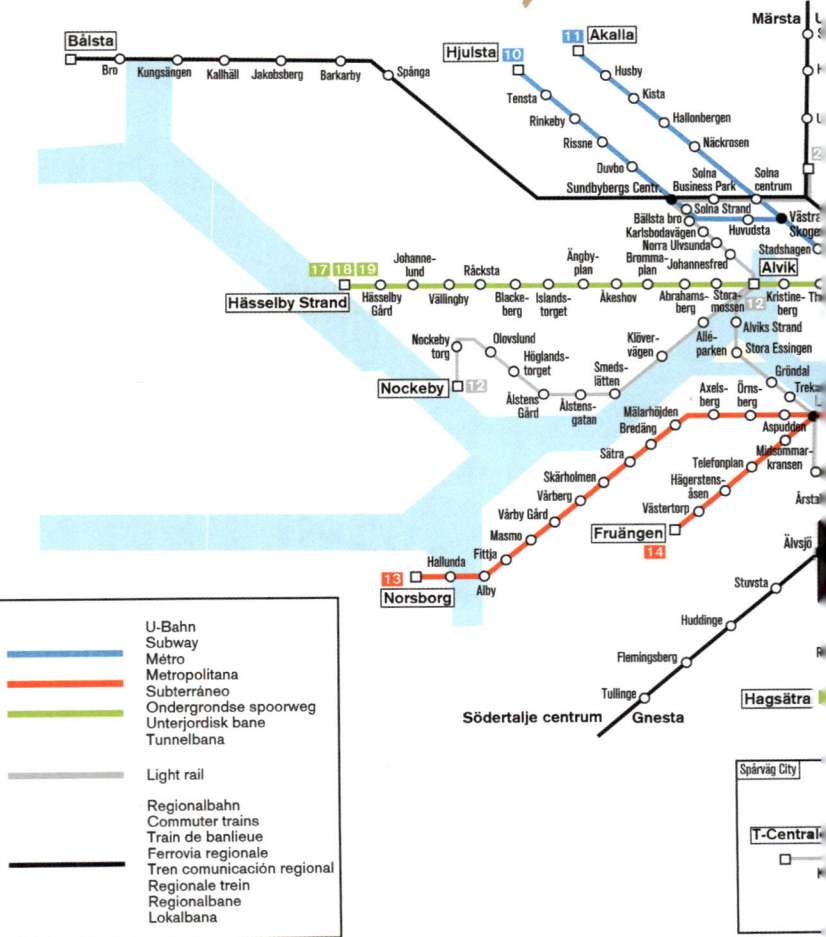

U-Bahn
Subway
Métro
Metropolitana
Subterráneo
Ondergrondse spoorweg
Unterjordisk bane
Tunnelbana

Light rail

Regionalbahn
Commuter trains
Train de banlieue
Ferrovia regionale
Tren comunicación regional
Regionale trein
Regionalbane
Lokalbana

sala C.
Österkär Kårsta 27
Mörby Centrum
14

Näsbypark 29
Djursholms Ekeby
Brållavägen
Vendevägen
Näsby allé
Lahäll
Altorp
Östberga

Danderyds Sjukhus Mörby Djursholms Östberga
Osby
Bergshamra Stocksund

Universitetet
Tekniska högskolan Universitetet 27 28 29
St.- Stockholms östra
Eriksplan Stadion Gärdet Torsvik
Odenplan 13 21
Rådmans- Karlaplan Ropsten
gatan Östermalmstorg
Hötorget Kungsträdgården
10 11
T-Centralen Gamla Stan
Slussen 25
Mariatorget
Zinkens- Medborgarplatsen
damm Sthlm. Skanstull Henriksdal Sickla Nacka Lillängen Saltsjö-Duvnäs
S. Luma 22
Gullmarsplan Mårtensdal Sick. Kaj Sickla udde Saltsjö-Järla Storängen
Linde Skärmarbrink
Valla Globen Hammarbyhöjden
Årsta- Torg Enskede Blåsut Björkhagen
fältet Sockenplan Gård Sandsborg Kärrtorp
Svedmyra Skogskyrko- Bagarmossen
Stureby gården
Bandhagen Tallkrogen 17 Skarpnäck
Högdalen Gubbängen
Hökarängen

Farsta Trångsund Skogås
18 Farsta Strand Nynäshamn

Gåshaga brygga
21
Gåshaga
Baggeby
Bodal
Larsberg
AGA Brevik
Skärsätra Kottla Högberga

Spårväg City 7

Igelboda Saltsjöbaden
Fisksätra 26 Neglinge
Östervik Ringvägen 26
Tippen
Tattby
Erstaviksbadet
26
Solsidan

Nybro- Styrmans- Djurgårds-
plan gatan bron
Nordiska museet/
Vasamuseet
Liljevals/ Bellmansro
Gröna Lund Djurgårds-
Skansen skolan 7 Waldemarsudde
dgården

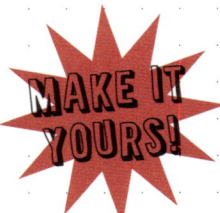

LEAVE ONLY

Footsteps

TAKE ONLY

Memories.

HALT SIE FEST! DEINE GANZ PERSÖNLICHEN
HOT SPOTS, GEHEIMTIPPS & ERINNERUNGEN.

Vor der Reise

NICHT VERGESSEN!

Lieblings Ort

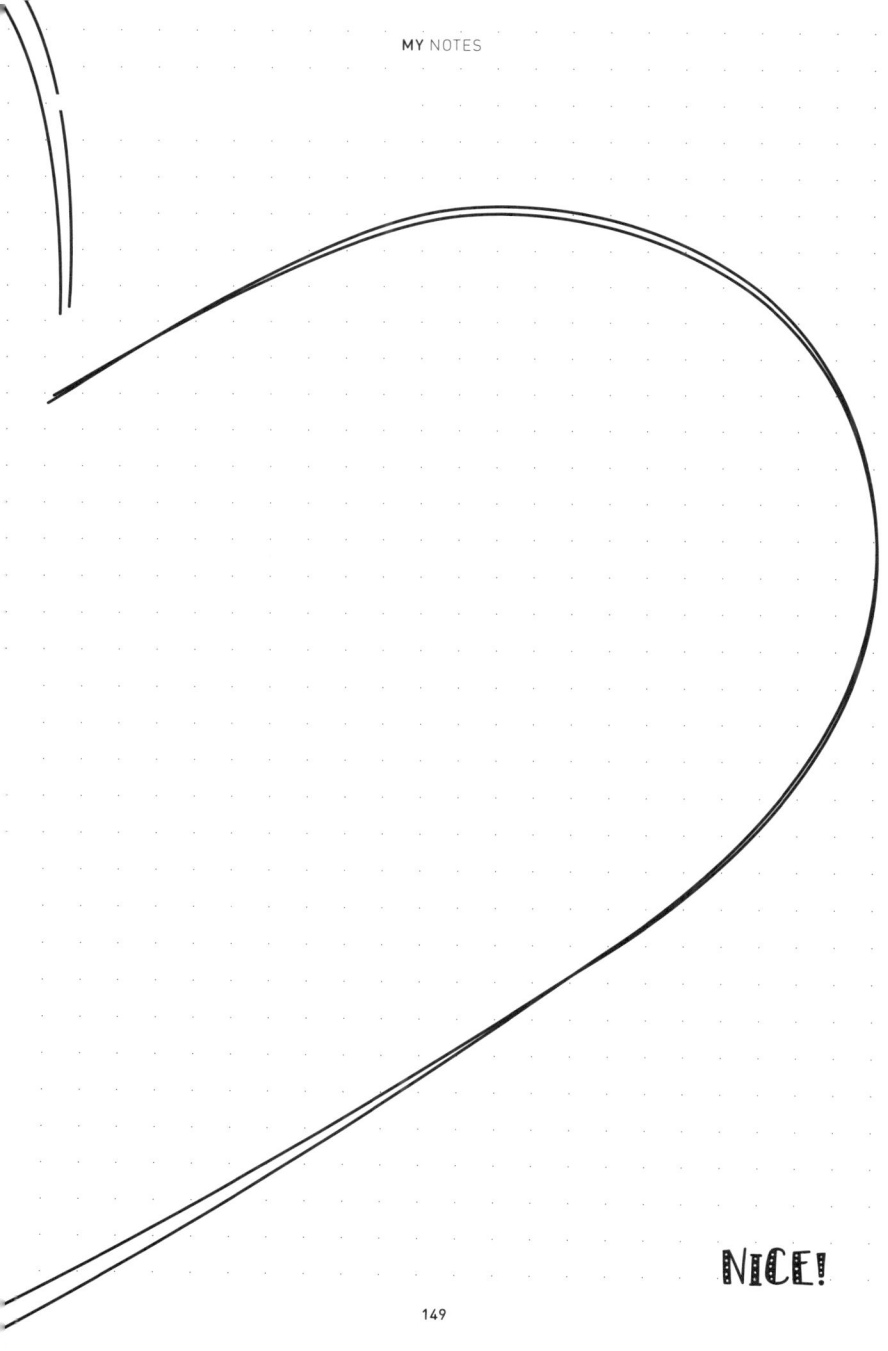

NICE!

WERDE ZUM
RESTAURANTKRITIKER
Stockholm

RESTAURANT / CAFÉ

ORT / DATUM

GERICHT

KOMMENTAR

☆ ☆ ☆ ☆ ☆   EMPFEHLENSWERT   YES ☐   NO ☐

RESTAURANT / CAFÉ

ORT / DATUM

GERICHT

KOMMENTAR

☆ ☆ ☆ ☆ ☆   EMPFEHLENSWERT   YES ☐   NO ☐

RESTAURANT / CAFÉ

ORT / DATUM

GERICHT

KOMMENTAR

☆ ☆ ☆ ☆ ☆   EMPFEHLENSWERT   YES ☐   NO ☐

RESTAURANT / CAFÉ

ORT / DATUM

GERICHT

KOMMENTAR

☆ ☆ ☆ ☆ ☆   EMPFEHLENSWERT   YES ☐   NO ☐

Yummy, Yummy!

RESTAURANT / CAFÉ

ORT / DATUM

GERICHT

KOMMENTAR

☆ ☆ ☆ ☆ ☆   EMPFEHLENSWERT   YES ☐   NO ☐

RESTAURANT / CAFÉ

ORT / DATUM

GERICHT

KOMMENTAR

☆ ☆ ☆ ☆ ☆   EMPFEHLENSWERT   YES ☐   NO ☐

RESTAURANT / CAFÉ

ORT / DATUM

GERICHT

KOMMENTAR

☆ ☆ ☆ ☆ ☆   EMPFEHLENSWERT   YES ☐   NO ☐

RESTAURANT / CAFÉ

ORT / DATUM

GERICHT

KOMMENTAR

☆ ☆ ☆ ☆ ☆   EMPFEHLENSWERT   YES ☐   NO ☐

RESTAURANT / CAFÉ

ORT / DATUM

GERICHT

KOMMENTAR

☆ ☆ ☆ ☆ ☆   EMPFEHLENSWERT   YES ☐   NO ☐

RESTAURANT / CAFÉ

ORT / DATUM

GERICHT

KOMMENTAR

☆ ☆ ☆ ☆ ☆   EMPFEHLENSWERT   YES ☐   NO ☐

RESTAURANT / CAFÉ

ORT / DATUM

GERICHT

KOMMENTAR

☆ ☆ ☆ ☆ ☆   EMPFEHLENSWERT   YES ☐   NO ☐

BILDNACHWEIS

Fotos: AMF Fastigheter: Mathias Nordgren (52); Jessica Bach (Cover M., Cover r., Rückcover, 3 o., 3 M. r., 4, 22/23, 26, 27, 29, 45, 46, 48, 49, 50, 64, 76, 82, 83, 84, 96, 98, 104); iStock: calypte (92/93), lmeleca (Cover L.); Kalf & Hansen: Tyra Tollstoy (78); laif: Monica Gumm (19, 28, 60, 90), Christian Kerber (127), Georg Knoll (74), Kruell (124), Gregor Lengler (62, 100, 120, 126, 128), Dagmar Schwelle (11, 54, 108, 113, 114, 116, 129); laif/Kontinent: Moa Karlberg (66); laif/Polaris: Rob Schoenbaum (72, 115); mauritius images: Christian Bäck (88/89); mauritius images/Alamy: Frank Chmura (122), Chad Ehlers (40, 125), HelloWorld Images (70 o.), incamerastock (73), Bjanka Kadic (43, 70 u.), Douglas Lander (34, 65), Roberto Moiola (18), Nathaniel Noir (23), Prisma Archivo (24); Shutterstock: A. Aleksandravicius (68), Tommy Alven (50/51), Bruce Amos (158), Grisha Bruev (106), carroti (20), Hans Christiansson (41, 44), Iryna Chubarova (3 u.), Kalin Eftimov (16), everst (12), Dan Henson (3 M. L.), Stefan Holm (38/39, 110 o.), JJFarq (58, 80), Kiev.Victor (25), Kristina Kokhanova (36), Anton Kudelin (121), Roberto La Rosa (99), Martpod (107), Simone Migliaro (111), Ekaterina Naumova (94), Janus Orlov (38, 42), orxy (30), Radiokafka (69), Roman Sigaev (112), SizeSquares (71), Fabian Skog (95), Rikard Stadler (110 u.), UfaBizPhoto (92), XoelBurgues (61), Yumania (77); Urban Deli: Rasmus Lindahl (79), Urban Orzolek (47)

IMPRESSUM

1. Auflage, April 2020
ISBN | 978-3-8283-0943-2

Konzeption & Chefredaktion | Selina Louise Missel
Co-Autorin | Jessica Bach
Produktion | red.sign GbR, Stuttgart
Design & Illustration | Ina-Marie Inderka
Kartografie | Hallwag Kümmerly+Frey AG

Printed in Italy

Sag uns deine Meinung!

Egal ob du uns von deinem schönsten Urlaubsmoment, dem besten Foodspot oder der coolsten Foto-Location erzählen willst, schreib uns unbedingt! Natürlich freuen wir uns auch über Lob und Kritik zu unseren TravelBooks.

hello@guideme.ch

Hinweis

Dieser Reiseführer wurde natürlich mit allergrößter Sorgfalt und viel Herzblut für dich erstellt und recherchiert, allerdings können dem größten Streber Fehler unterlaufen und manche Adressen und Gegebenheiten ändern sich schneller, als man denkt. Deshalb müssen wir aus rechtlichen Gründen betonen, dass inhaltliche und sachliche Fehler leider nicht ausgeschlossen werden können. Alle Angaben sind ohne Gewähr des Autors oder des Verlages und somit besteht keine Haftung. Sollten dir allerdings Fehler auffallen, freuen wir uns über eine Nachricht von dir an hello@guideme.ch. PS.: Einen kleinen „Fehler-Finderlohn" gibt's dann natürlich auch von uns!

@guideme_travel | www.guideme.ch

Genug von Stockholm?

DANN REISE MIT UNS DOCH MAL NACH...

Deine Lieb-
lingsstadt fehlt?
Dann schreib
uns unter hello@
guideme.ch

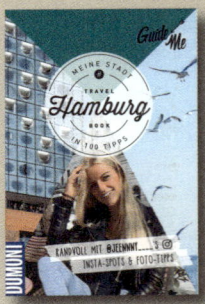

UND FÜR DEINEN NÄCHSTEN
ROADTRIP DURCH EUROPA HABEN
WIR AUCH SCHON DAS PASSENDE:
UNSERE CLEVEREN TRAVELMAPS!